FLORE
DE FRANCE

OU

DESCRIPTION DES PLANTES

QUI CROISSENT SPONTANÉMENT

EN FRANCE, EN CORSE ET EN ALSACE-LORRAINE

PAR G. ROUY ET J. FOUCAUD

CONTINUÉE PAR

G. ROUY

Président d'honneur de l'Association française de botanique ;
Ancien Directeur de l'Académie internationale de Géographie botanique ;
Chevalier de la Légion d'Honneur, Officier de l'Instruction publique.

ET

E.-G. CAMUS

Pharmacien de première classe ;
Lauréat de l'Institut (Académie des sciences) ;
Ancien Vice-Président de la Société Botanique de France ;
Officier de l'Instruction publique.

Ouvrage édité par la Société des sciences naturelles de la Charente-Inférieure

TOME VII

ON SOUSCRIT CHEZ

G. ROUY   E.-G. CAMUS
41, rue Parmentier, 41   199, rue Lecourbe, 199
ASNIÈRES (Seine)   PARIS

Les Fils d'Émile DEYROLLE, libraires, 46, rue du Bac, Paris
ET CHEZ LES PRINCIPAUX LIBRAIRES DE FRANCE ET DE L'ÉTRANGER

Novembre 1901

HISTOIRE DE L'ÉGLISE

TABLE ANALYTIQUE GÉNÉRALE

SUIVANT L'ORDRE ALPHABÉTIQUE

HISTOIRE
DE L'ÉGLISE

PAR

FR.-X. KRAUS

Docteur en Théologie et en Philosophie
Professeur d'Histoire ecclésiastique à l'Université de Fribourg

NOUVELLE ÉDITION

TRADUITE PAR

P. GODET et C. VERSCHAFFEL

PRÊTRES DE L'ORATOIRE

TABLE ANALYTIQUE GÉNÉRALE
SUIVANT L'ORDRE ALPHABÉTIQUE

Martigny, Dictionn. des Ant. chrét. — Hachette

PARIS
LIBRAIRIE B. BLOUD
4, RUE MADAME ET RUE DE RENNES, 59

1902

TABLE ANALYTIQUE

GÉNÉRALE

SUIVANT L'ORDRE ALPHABÉTIQUE [1]

A

Abasques. Leur conversion, I, 447.

Abassides, II, 51.

Abbaye-aux-femmes à Caen, II, 237.
— Abbaye-aux-hommes, II, 237.

Abbeloos (Mgr), III, 450.

Abbon, abbé de Fleury, II, 154.

Abdas de Suse, I, 444.

Abd-Errahman II, II, 282.

Abdon et Sennen (SS.), I, 133.

Abélard, II, 362 et s.

Aben-Esra, II, 313.

Aberlé, III, 432, 434-36.

Abgar. Prétendue correspondance avec Jésus, I, 74. — Portrait que le Sauveur lui aurait envoyé, 75, 371.

Abgar VIII, I, 74, 156.

Ablution des mains et des pieds, I, 358, 366.

Abou-Bekre, II, 51.

About (Edmond), III, 380.

Aboyeurs, secte protestante, III, 286.

Abraham de Sainte-Claire, V. Claire.

Abraxas, I, 152.

Abréviateurs, III, 20.

Abus (Recours comme d') au souverain, II, 333.

Abyssinie. Conversion, I, 445. — Eglise monophysite, II, 309; III, 185.

Acace d'Amida, I, 444.

Acace de Constantinople, I, 276. Schisme acacien, 277, 332.

Académie romaine, III, 8.

Acceptation (Doctrine de l'), II, 369.

Accusation (Chefs d') contre les chrétiens, I, 119.

Acémètes, I, 277, 279, 391.

Acéphales, I, 277.

Ἀχειροποίητοι (Εἰκόνες), I, 75.

Achéry (d'), III, 263.

Achterfeld, III, 415, 431.

Ackermann, III, 434.

Acolythes, I, 176.

Acre (Saint-Jean d'), repris par les Croisés, II, 288, 290, 295; — perdu, 296, 299.

Acta facientes, I, 133.

Acta Pilati, I, 138.

Actes des Papes, V. Bullaire.

Actistètes, I, 278.

Acton (Lord), III, 447, 452.

Adalbéron de Reims, II, 239.

Adalbert de Brême, II, 131, 136.

Adalbert (Saint) de Prague, II, 174, 303.

Adalbert de Magdebourg, II, 171.

Adalbert de Mayence, II, 146.

Adalbert, marquis de Toscane, II, 120.

Adam (Germain), III, 402.

Adam de Fulda, musicien, II, 501.

[1] On croit devoir avertir que, dans l'indication des pages, il n'a pas été fait de distinction entre le texte et les notes.

Adam de Brême, I, 32, 38; II, 229.
Adam de Saint-Victor, II, 388.
Adamites, secte gnostique, I, 155. — Secte en Autriche, II, 472.
Adamnan, abbé d'Iona, II, 32.
Adélaïde (Sainte), veuve de Lothaire de Bourgogne, II, 121. — Épouse Otton le Grand, 196.
Adélaïde, femme de Henri IV d'Allemagne, II, 142.
Adélard de Bath, II, 364.
Adelfrid de Malmesbury, II, 218.
Adelhausen, couvent, II, 486.
Adéodat, pape, II, 64.
Adhémar du Puy, II, 286.
Adiaphoriste Controverse), III, 76, 108.
Adon (Saint), de Vienne, II, 214.
Adoptianistes, II, 94.
Adoro te, II, 318.
Adrien Ier, pape, I, 290; II, 66, 88 et s., 94.
Adrien II, II, 116, 152, 161.
Adrien III, II, 118.
Adrien IV, II, 248 et s.; III, 95.
Adrien V, II, 265.
Adrien VI, III, 123.
Adrien, abbé, II, 29.
Adrien, empereur, I, 126.
Adrien, exégète, I, 430.
Adrumète (Moines d'), I, 305.
Advocati Ecclesiæ, II, 58.
Ædesius, I, 445.
Ælia Capitolina, I, 113.
Æneas Sylvius, II, 427, 428, 430; III, 7, 19.
Æpin (Jean), III, 110.
Aërius, I, 396.
Aëtius, I, 43.
Affre (Mgr), III, 451.
Africaine (École), I, 217.
Afrique. Conversion, I, 93, 113. — État du christianisme pendant la VIIIe période, III, 184; — IXe période, 250; — Xe période, 394, 396. — Évangélisation de l'Afrique centrale, III, 396.
Agapes, I, 100, 342.
Agapet (Saint), pape, I, 330.
Agathange, I, 443; II, 309.

Agathe (Sainte), I, 133.
Agathon (Saint), pape, I, 288; II, 64.
Agellio, III, 196.
Agende ou rituel prussien, III, 464.
Agilulf, II, 20.
Agilus, II, 37.
Agincourt (d'), III, 448.
Agnadel (Victoire d'), III, 24.
Agnès (Sainte), I, 138.
Agnès (Mont Sainte-), couvent, II, 451.
Agnès, femme de Henri III d'Allemagne, II, 131.
Agnès de Mansfeld, III, 77.
Agnoètes, I, 278.
Agobard de Lyon, II, 95, 201, 214.
Agostino de Montefeltro, III, 443.
Agostino Trionfo, II, 402, 477.
Agréda (Marie d'), III, 249.
Agricola (Jean), III, 57, 76, 108.
Agricola (Rodolphe), humaniste, III, 10.
Agrippa de Nettesheim, III, 121.
Ahasvérus, II, 315.
Ahura-Mazda, I, 58.
Aidan, moine d'Iona, II, 29.
Ailly (Pierre d'), II, 412, 458.
Aix-la-Chapelle. Concile (799), II, 94; — (809), 93; — (816), 82 et s.; — (836), 186; (860), 115. — Construction du Munster, 236. — Siège épiscopal, III, 334 et s.
Aizana, I, 445.
'Ακρόασις, deuxième degré de la pénitence, I, 192.
Alacoque (Bienheureuse Marie), III, 404.
Alain de Lille, II, 365.
Alaric, II, 15.
Albanie d'Asie. Conversion, I, 447.
Albe (Duc d'), III, 83, 127.
Alberdingk-Thijm, de Louvain. III, 433, 447.
Alberdingk-Thijm (Joseph-Antoine), III, 448.
Alberi, III, 373.
Albéric Ier, II, 120.
Albéric II, II, 121.
Albert le Grand, II, 366, 439.
Albert Ier d'Allemagne, II, 270.
Albert II, II, 426.
Albert V, duc de Bavière, III, 150.

Albert l'Ours, margrave de Brandebourg, II, 176.

Albert de Brandebourg, grand maître de l'ordre Teutonique ; son apostasie, II, 301 ; III, 45, 53, 82.

Albert de Brandebourg, archevêque de Mayence et de Magdebourg, III, 36, 45, 66.

Albert de Buxhœvden, évêque de Riga, II, 303.

Albert de Suerbeer, archevêque de Riga, II, 304.

Albret (Jeanne d'), III, 197.

Alberti, III, 210.

Albertinelli, III, 215.

Albertini, III, 498.

Albigeois, II, 353.

Alboin, II, 20.

Albornoz (Le cardinal), II, 406 et s.

Alcantara (Ordre d'), II, 302.

Alcuin, II, 94, 102, 242.

Aldebert, hérétique, II, 45.

Aldenkirchen, III, 449.

Aldgild, roi des Frisons, II, 41.

Aldric, du Mans, II, 160.

Aléandre, légat en Allemagne, cardinal, III, 43, 125.

Alemans. Leur conversion. II, 34 et s.

Alembert (d'), III, 257, 304.

Alexamène, le jeune chrétien du Palatin, I, 118.

Alexandre Ier, pape, I, 183.

Alexandre II, II, 133.

Alexandre III, II, 250 et s.

Alexandre IV, II, 263.

Alexandre V, II, 414 et s.

Alexandre VI, III, 22 et s.

Alexandre VII, III, 232 et s., 244.

Alexandre VIII, III, 226, 234.

Alexandre Sévère, I, 129, 131.

Alexandre Ier de Russie, III, 373, 502.

Alexandre II, III, 374, 503.

Alexandre III, III, 375.

Alexandre de Halès, II, 365.

Alexandre de Parme, III, 88.

Alexandre (Noël), I, 34 ; III, 226, 264.

Alexandrie. Son école théologique, I, 268 ; — première époque, 215 ; — deuxième époque, 406 ; — troisième époque, 406.

Alexiens, II, 453.

Alexis (Chanson de saint), II, 389.

Alexis l'Ange, II, 291.

Alexis Comnène, II, 192, 212.

Al-Farabi, II, 222.

Alfred le Grand, zélé pour les Lettres, II, 190. — Ses travaux, 218.

Al-Gazel, II, 222.

Algérie. Situation religieuse, III, 396.

Algerus de Liége. Sa collection, II, 162.

Ali, II, 51.

Allatius, II, 232 ; III, 232, 298.

Allégiance (Serment d'), III, 92.

Allegranza, III, 269.

Allemagne. Propagation du christianisme, II, 32.

Allemagne (La jeune), III, 460.

Allemand (Cardinal d'), II, 425, 459.

Allemand (Le Temple), secte protestante, III, 476.

Allemande (Théologie), II, 487 ; III, 35.

Allemands (Catholiques) de Ronge, III, 344.

Alliance évangélique, III, 465.

Alliés, III, 368, 447.

Allioli, III, 436.

Allumbrados, III, 164.

Almohades, II, 280.

Almoravides, II, 280.

Aloges, I, 165.

Alphabet de la mort, II, 439.

Alphonse de Liguori (Saint), V. Liguori.

Alphonse Ier d'Aragon, II, 297.

Alphonse Ier le Catholique, roi des Asturies, II, 280.

Alphonse II le Chaste, II, 280.

Alphonse IX de Léon, II, 257.

Alphonse de Castille, II, 265.

Alphonse XII, roi d'Espagne, III, 370.

Alsace (École d'), III, 30.

Altenbourg (Colloque d'), III, 108.

Altieri (Paluzzo), III, 233.

Alvarez (Didace), III, 192.

Alvaro (Paul), II, 282.

Alvaro Pelayo, II, 402, 478.
Alzog, I, 41; III, 423, 432, 445, 449.
Amalaire de Metz, II, 215.
Amalaire Fortunat, II, 215.
Amand (Saint), II, 41.
Amatus de Salerne, II, 229.
Amaury Iᵉʳ de Jaffa, II, 288.
Amaury II, II, 292.
Amaury de Bène, II, 353, 465.
Amboise. Conjuration, III, 97. — Paci-
    fication, 97.
Ambon, I, 346, 436; II, 184.
Ambroise (Saint), docteur de l'Église,
    I, 259, 348, 399, 416.
Ambroise (Saint), diacre, I, 129.
Ambroise (Le P.), III, 444.
Ambroise Autpert, II, 104.
Ambrosiaster, I, 421, 430.
Aménique (Communauté), secte pro-
    testante, III, 476.
Amérique. Découverte du Groënland
    et du Vinland (vers 1000); essai
    d'évangélisation, II, 182; III, 479.
    — Missions depuis Christophe Co-
    lomb, 185 et s. — État du catholicisme,
    394. — État du protestantisme, 469.
Amict, I, 354.
Amira (d'), III, 451.
Amis de Dieu, II, 453, 488.
Amis de Dieu ou Bogomiles, II, 211.
Ammonius Saccas, I, 142.
Amort, III, 249, 271.
Ampoules de saug, I, 368; III, 406.
Amsdorf, III, 74, 108 et s.
Amyrault, III, 291.
Anabaptistes, III, 44, 63, 70 et s.,
    122.
Anachorètes, I, 387 et s.; II, 81.
Anaclet Iᵉʳ, pape, I, 183.
Anaclet II, antipape, II, 247.
Anastase Iᵉʳ, pape, I, 329.
Anastase II,   I, 329.
Anastase III,   II, 120.
Anastase IV,   II, 248.
Anastase, empereur, I, 277.
Anastase le Bibliothécaire, I, 38; II,
    164, 216.
Anastase le Sinaïte, I, 412.
Anastasie (Sainte), I, 138.

Anathématismes de saint Cyrille, I, 270.
Anchieta, S. J., III, 186.
Anchorano (Pierre d'), II, 414, 479.
Ancina (le B. Jean-Juvénal), évêque
    de Saluces, III, 406.
Anderson, III, 83.
Andrada, III, 190.
André (Saint), apôtre, II, 171.
André I, de Hongrie, II, 175.
André II, II, 292.
André Agnellus, II, 216.
André, canoniste, III, 451.
Andreæ (Jacques), III, 110.
Andreæ (Jean), III, 121.
Andronic III Paléologue, II, 507.
Ane (Légende de l'adoration de l'), I,
    116, 118.
Ane (Dos d'), II, 495.
Anegray, couvent, II, 35.
Anes (Fête des), II, 324.
Anerio, III, 218.
Anethan (d'), III, 366.
Angèle (Sainte) de Foligno, II, 483.
Angèle (Sainte) Mérici, III, 155.
Angelico (Frà) de Fiesole, II, 500.
Angelis (de), canoniste, III, 451.
Angelus Silesius, III, 220, 279.
Anges (Culte des), I, 368.
Angilbert, II, 103.
Angilramne, II, 156.
Anglaises (Dames), III, 161, 345.
Angleterre, V. *Bretagne, Anglo-
    Saxons*. Réforme protestante, III,
    88. — État présent du catholicisme,
    366; du protestantisme, 467.
Anglo-catholiques, III, 468.
Anglo-Saxons. Leur conversion, II, 24
    et s.
Anguier (Les frères), sculpteurs, III, 213.
Anhalt (Le protestantisme dans l'),
    III, 62, 106.
Aniane, abbaye, II, 80.
Anicet (Saint), pape, I, 183, 203.
Annaliste Saxon (l'), II, 376.
Annam. Missions, III, 251, 399.
Annates, II, 399; III, 24.
Anne de Clèves, III, 89.
Année ecclésiastique, I, 375.
Annon de Cologne, II, 131, 133, 136.

Annonciation. Antiquité de la fête, I, 370.
Annonciades (les), III, 159.
Annoni, III, 448.
Annuels, II, 332.
Anoméens, I, 247, 256.
Anschaire (Saint), II, 178 et s.
Anségise, II, 157.
Anselme (Saint), II, 226, 388, 394.
Anselme de Lucques, II, 161, 228.
Anselme de Havelberg, II, 394.
Anselme de Laon, II, 228.
Anselmi. Collectio — dicata, II, 161.
Antéros, pape, I, 129, 184.
Anthime, exarque des Bulgares, III, 501.
Anthime de Constantinople, I, 279.
Anthropomorphisme, I, 264, 396.
Anthuse, I, 383.
Antichristianisme, III, 504-508.
Antidicomarianites, I, 396.
Anticoncordataires en France, III, 319.
Antilegomena, I, 199.
Antinomiste (Controverse), III, 108.
Antioche. Conciles, I, 167, 253. — Ecole théologique d' —, 219, 268, 409.
Antiphonaire, I, 353.
Antipodes, II, 46.
Antiquité païenne, objet d'un engouement excessif, qui passe de la forme au fond, III, 4, 7.
Antitactes, I, 151.
Antitrinitaires, I, 165-70; III, 101, 119.
Antoine (Saint) d'Egypte, I, 388.
Antoine (Saint) de Padoue, II, 344.
Antoine Ulric de Brunswick, III, 295.
Antonelli (Cardinal), III, 379, 393.
Antonin (Saint), II, 445, 477.
Antonin le Pieux, I, 126 et s.
Antonio dagl' Organi, II, 502.
Antonites, II, 340.
Anvers. Eglise Notre-Dame, II, 496.
Aphtartodocètes, I, 277.
Aphraatès (Saint), I, 413.
Apocalypse, I, 103
Apocryphes, I, 73 et s., 103, 219 et s. — Evangiles, Epîtres, etc., I, 219.

Apollinaire de Laodicée, I, 268.
Apollonius, martyr, I, 217.
Apollonius de Tyane, I, 140 et s.
Apologistes, I, 211, 213 et s., 239, 426.
Apostoliques (Les Pères), I, 212.
Apostoliques (Eglises), I, 93.
Apostoliques (les), Frères —, Eglise —, sectes diverses, I, 396; II, 352; III, 476.
Apôtres (les), I, 72-92. — Concile des —, 79. — Leurs premiers disciples, 92.
Apôtres (*La Didaché des*), I, 213.
Apôtres (*Les Didascalia des*), I, 224
Apôtres (*Les Constitutions des*), I, 224.
Apôtres (*Les Canons des*), I, 224.
Appel (Droit d')au pape, I, 316; II, 275, 334.
Appelants, III, 245.
Appenzell. Réforme, III, 70.
Aquaviva (Claude), III, 166, 174, 208.
Aquilée. Schisme, I, 283. — Patriarcat, 283.
Arabe (Philosophie), II, 221.
Arabie. Prédication du christianisme, I, 111, 446.
Arc de Constantin, I, 140.
Arcadius, empereur, I, 237, 265.
Archéologie chrétienne, I, 22.
Archidiacres, II, 61.
Archinto (Cardinal), III, 238.
Archiprêtres, II, 61.
Architecture chrétienne, I, 229, 435; II, 235-238, 380 et s., 495; III, 210, 274, 457. — Architecture en petit, II, 496. Cf. *Gothique (Architecture)*, *Roman (Style)*, *Byzantin (Art)*.
Archivistes des églises, I, 310.
Archon (Le grand) de Basilide, I, 152.
Arduin d'Ivrée, II, 127.
Aresen (Jean), martyr islandais, III, 84.
Arevurdis, secte, II, 91.
Ariald, II, 203.
Aribon, II, 38.
Ariens, I, 246-260.
Aringhi, III, 199.
Aristide, I, 126, 214.

Aristote, II, 361.

Aristobule, I, 62.

Arius, I, 248.

Arles. Concile (314), I, 86, 191, 203, 336. — (353), 255.

Armellini, III, 448.

Arménie. Conversion au christianisme, I, 111, 138, 442. — Tombe dans l'hérésie d'Eutychès, 278, 443. — Littérature arménienne, II, 309. — Union de Florence, 514. — Nouveau schisme, éteint, III, 401.

Arminiens, III, 112.

Arminius, III, 112.

Arnaud de Brescia, II, 247, 249. — Son parti lui survit, 351.

Arnauld, famille janséniste, III, 242 et s.

Arnauld (Antoine), III, 243, 267.

Arnauld (Angélique), III, 147, 243 et s.

Arnaud (Abbé), exégète, III, 436.

Arndt (E. M.), III, 498.

Arndt (Jean), III, 121.

Arnim, romantique allemand, III, 339.

Arnim (Comte d'). Son procès, III, 355.

Arnobe, I, 218.

Arnobe le Jeune, I, 308.

Arnold de Lubeck, II, 377.

Arnold, converti, III, 438, 447, 452.

Arnold (Godefroy), I, 42 ; III, 289.

Arnoldi (Mathieu), III, 435.

Arnoldi (Mgr Guillaume), III, 342.

Arnou de Salzbourg, II, 103.

Arnoux (Jean), S. J., III, 193.

Arnulf d'Orléans, II, 154.

Arnulf de Reims, II, 153 et s.

Arran (Comte d'), III, 94.

Arrubal, III, 208.

Ars (Curé d'), III, 412.

Arsénien (Schisme), II, 392.

Arsénius de Constantinople, II, 392.

Arsénius, légat, II, 116.

Art chrétien, IIe période, I, 226.

       IIIe — 380, 433.

       IVe — II, 77.

       V[e] — 235.

       VIe — 380.

       VIIe — 494.

       VIIIe — III, 209.

       IXe — 274.

Art chrétien, X[e] période, 454.

Arts. Prétendue haine des anciens chrétiens contre les arts, I, 226.

Arts libéraux, II, 98.

Artémon, Ebionite, I, 166.

Articles organiques, III, 318.

Articles préliminaires du concordat de Fontainebleau, III, 322.

Articles (Les 39) symboliques, III, 91.

Aryas ou Indo-Germains, I, 58.

Ascétisme, I, 209, 383, 387.

Aschaffenbourg (Concordat d'), II, 430.

Aschbach, III, 454.

Asie. Prédication de l'Evangile, I, 111, 113, 442 ; II, 302, 304, 307 ; III, 180, 249. — Etat actuel du catholicisme, III, 397, 402.

Asie Mineure. Ecole théologique, I, 214.

Asile (Droit d'), I, 311 ; II, 56.

Asmodi, II, 356.

Asseburg (Julienne d'), III, 285.

Assemani, I, 20.

Assemblée nationale de 1789, III, 313 ; — de 1871, 331.

Assomption de la sainte Vierge, I, 370.

Astolphe, II, 67.

Asturies (Royaume des), II, 280.

Athanaric, II, 13.

Athanase (Saint), I, 239, 249, 252 et s., 256, 258 et s., 261, 392, 407.

Athanase (Symbole de S.), I, 263.

Athénagore, I, 214.

Athènes. Ecole philosophique, I, 239. — Université, III, 500.

Athénogène, I, 225.

Athos (Couvent du mont), II, 392.

Attigny. Concile (822), II, 190.

Atton de Verceil, II, 218.

Aube, I, 354.

Auberlen, III, 494.

Aubeterre (Marquis d'), ambassadeur de France à Rome, III, 258.

Audiens ou Odiens, I, 204, 396.

Audientes, I, 192.

Audisio, III, 390, 443.

Audius, I, 204, 396.

Audou (Mgr), III, 401.

Auger (Edmond), III, 201.

Augsbourg. Siège épiscopal, II, 37. —

La réforme établie, III, 62. — Diètes (1530), 57 ; — (1547), 76 ; — (1555), 77. — *Confession d'* —, 58. —Intérim d' —, 76. — Paix religieuse d' —, 76.
Auguste de Saxe, III, 110.
Augusti, III, 495, 497.
Augustin (Saint), docteur de l'Eglise, I, 297 et s., 337, 401, 417. — Règle dite de S. —, II, 338.
Augustin (Saint), apôtre de l'Angleterre, II, 28.
Augustins (Ermites), II, 341.
Augustiniens, III, 202.
Aurélien, empereur, I, 135.
Ausculta, fili, bulle, II, 269.
Ausone, I, 240, 440.
Australie. Etat du catholicisme, III, 402.
Autel, I, 203.
Authari (Flavius), II, 20.
Autodafé, II, 359.
Autos sacramentales, II, 503 ; III, 221.
Autriche. Etat du catholicisme, III, 361. — Etat du protestantisme, 473.
Auxence de Milan, I, 256.
Auxence de Dorostore, II, 13.
Auxilius, II, 119.
Avancini, III, 220.
Avares. Conversion de ce peuple, II, 172.
Avenir (l'), III, 326.
Averroës, II, 222.
Avesta, I, 58.
Aviau (M. d'), de Bordeaux, III, 322.
Avicebron, II, 314.
Avicenne, II, 222.
Avignon (Papes d'), II, 395 et s.
Avila (Jean d'), III, 201.
Axionicus, I, 154.
Azeglio (Massimo d'), III, 372, 452.
Azor, III, 129.
Azpilcueta, III, 199.
Azymes, II, 186 ; III, 508.

B

Baader (François), III, 416.
Baanès le Cynique, II, 92.

Babaeus, I, 271.
Babylas (Saint), I, 133.
Babylone (Exil de) ou d'Avignon, II, 337.
Bach, professeur, III, 439, 445, 449.
Bach (Sébastien), III, 281, 288.
Bacon (Roger), II, 375, 439.
Bacon de Vérulam, III, 300.
Bacuez (M.), de Saint-Sulpice, III, 434.
Bade (J), III, 435.
Bade (Grand-duché de). Situation religieuse, III, 342, 360.
Bade en Suisse. Dispute (1526), III, 70.
Bahram v, I, 444.
Bahrdt, III, 307.
Bain de sang d'Irlande, III, 96.
Baisement de pied, II, 274.
Baiser fraternel, I, 100. — Donné aux morts, 387.
Baïus, III, 204, 242.
Bajazet ii, III, 92.
Bakounine, III, 507.
Balaamites, I, 107.
Balæus, I, 413.
Balan, III, 445.
Balbo (César), III, 372, 438, 447, 452.
Balde (Jacques), III, 174, 219, 280.
Baldenzi, III, 391.
Balderich, II, 376.
Bâle. Ancien siège épiscopal à Augusta Rauracorum, auj. Basel-Augst, II, 36. — Concile, II, 423, 444, 446. — La Réforme s'y établit, III, 69. — La *mort de Bâle*, II, 438.
Ballerini (les frères), III, 228, 270.
Ballerini, S. J., III, 429, 440.
Balmès, III, 370, 430, 438.
Balsamon, I, 242.
Ballimore (lord), III, 294.
Baltiques (Provinces). Établissement du christianisme, II, 302 et s.; — de la réforme protestante, III, 84. — Etat présent du protestantisme, 474.
Baltzer, III, 346, 416, 436, 438.
Baluze, III, 263.
Bañez (Dominique), III, 190, 206.
Baphomet, prétendue idole des Templiers, II, 299.
Baptême, I, 400, 190, 357 ; II, 185. —

Cérémonies, I, 191, 357. — Parrains, 189.

Baptême de désir, de sang, I, 191.

Baptistères, I, 191, 438.

Baptistes, secte protestante, III, 284.

Bar Hebraeus, II, 308.

Barbe (Sainte), I, 138.

Barberousse, pirate, III, 63.

Barbets, II, 358.

Barclay, III, 283.

Bar-Cochba, I, 117.

Bardas, II, 163, 230.

Bardenhewer, III, 435, 449.

Bardesane, I, 156, 200.

Bargès (abbé), III, 433.

Bari. Concile (1098), II, 148.

Barizel (Le chevalier au), II, 390.

Barlaam, II, 507, 512 et s.; — III, 5.

Barletta, III, 200.

Barlow, III, 91.

Barnabé (Saint), I, 78, 92, 212.

Barnabites, III, 158.

Barneveldt, III, 112.

Baronius, I, 34; III, 156, 197.

Barradas (Sébastien), III, 196.

Barral (Mgr de), III, 322.

Barsumas, I, 271.

Barthélemy (La Saint-), III, 98.

Barthélemy des martyrs (Dom), III, 155.

Bartole, II, 443, 478.

Bartolini (Cardinal), III, 447.

Bartolommeo (Frà), III, 215.

Baruch (Le livre de), œuvre gnostique, I, 149.

Basile le Macédonien, empereur, II, 92.

Basile II, II, 167, 170.

Basile (Saint) le Grand, I, 259, 407.

Basile d'Ancyre, I, 256, 258.

Basile de Séleucie, I, 411.

Basile, chef des Bogomiles, II, 212.

Basilide, I, 151.

Basiliques, I, 229, 435.

Basilisque, empereur, I, 276.

Basnage, I, 45.

Bassenheim (Henri Walpot de), II, 300.

Bassi (Matteo de), III, 158.

Bastard (de), III, 448.

Bastide, III, 208.

Bathori (Etienne), roi de Pologne, III, 85.

Baudissin, III, 493 et s.

Baudouin (le Vén.), III, 408.

Baudouin I et II de Flandre, empereurs, II, 291.

Baudouin I-IV de Jérusalem, II, 287 et s.

Baudouin de Trèves, II, 403.

Baum, III, 472.

Baumgarten, de Halle, III, 291.

Baumgarten, de Rostock, III, 466.

Baumstark (R.), III, 361, 383, 438, 446, 481.

Baunard (Mgr), recteur de l'université de Lille, III, 446.

Baur (Ferd. Christian), I, 35; III, 422, 488, 493, 495 et s.

Bautain, III, 425, 437, 442.

Bavière. Evangélisation, II, 36. — Situation de l'Eglise pendant le XIXᵉ siècle, III, 339, 342.

Bayet, III, 448.

Bayle, III, 303.

Béatrix de Canossa, II, 133.

Béatrix Cenci, III, 133.

Béatus, prêtre, II, 94.

Beaucéant, étendard des Templiers, II, 299.

Beaulieu (Traité de), III, 98.

Beaumont (Christophe de), archevêque de Paris, III, 246.

Beauvilliers (Marie de), III, 147.

Bec (Concordat du), II, 149. — Ecole claustrale, 329.

Beccadelli, III, 8.

Becanus, III, 194.

Becchetti, III, 269.

Beck (Tobie), III, 491, 494.

Beckedorf (de), III, 438, 481.

Becker (Balthasar), III, 292.

Becker (Jacques), III, 449.

Beckmann (Mgr), III, 356.

Beckx, S. J., III, 409.

Bède le Vénérable, I, 32; II, 100.

Beelen (Mgr), III, 433, 435.

Beethoven (van), III, 462.

Béghards, II, 451, 453.

Bègue (Sainte), II, 452.

Béguines, II, 444. — Etymologie, origine, 451 et s. — Leur genre de vie, 452. — Souvenirs à Paris, 452. — Menacées de destruction, 453. — Le *Grand Béguinage* de Gand, 454.
Béla, roi de Hongrie, II, 175.
Belgique. Evangélisation : siège épiscopal de Tongres, saint Servais, saint Amand (630), saint Éloi, abbaye de Stavelot, II, 40 et s. Grands mystiques du moyen âge, V. *Ruysbroeck* et *Denys le Chartreux.* — Béguinages, II, 451. — Culture de la musique religieuse, 501 ; III, 218. — Peinture et miniature, V. *Flamande (École).* — Troubles lors de la Réforme, III, 87. — Théologiens et exégètes de la huitième période, 193, 196. — Etat présent du catholicisme, 364.
Bélisaire, II, 17, 20.
Bellarmin, III, 92, 135, 192, 196.
Bellesheim, III, 446, 449.
Bellini, III, 214.
Bénard (Laurent), III, 157.
Bendemann, III, 456.
Bénédictin (Ordre), I, 393 ; II, 79, 446 et s.; III, 361, 411.
Benedictina (Constitutio), II, 446.
Benedictionale, I, 353.
Bénéfices, II, 328.
Beneficia in curia vacantia, II, 275.
Bengel (Albert), III, 290.
Benger, III, 440,
Benignus, II, 26.
Bennon (Cardinal), II, 135.
Bennon (Saint) de Meissen, II, 176.
Benoît (Saint) de Nursie, I, 393 ; II, 79.
Bénoît (Saint) d'Aniane, II, 80.
Benoît Lévite, II, 157.
Benoît Iᵉʳ, pape, I, 331.
Benoît II, II, 65.
Benoît III, II, 112,
Benoît IV, II, 119.
Benoît V, II, 124.
Benoît VI, II, 124.
Benoît VII, II, 125.
Benoît VIII, II, 127.

Benoît IX, II, 128 et s
Benoît X, II 130,
Benoît XI, II, 307.
Benoît XII, II, 404.
Benoît XIII, antipape, II, 412, 421.
Benoît XIII, III, 230
Benoît XIV, III, 237, 252, 255, 270.
Benoît (René), III, 195.
Benzo, II, 135.
Bérault-Bercastel, III, 443.
Berchmans (Saint Jean), III, 155, 173.
Béranger, duc de Frioul, II, 117.
Béranger le Jeune, II, 121, 123.
Béranger de Tours, II, 208.
Béranger, disciple d'Abélard, II, 363.
Bergen (Le livre de), III, 110.
Bergier. Lettre au duc de Wurtemberg, III, 228.
Berkeley, III, 302.
Berlage, III, 419, 432, 439.
Berlebourg (Bible de), III, 286.
Bermudez, III, 185.
Bernard (Saint) de Clairvaux, II, 247, 287, 298, 337, 347, 352, 370, 388. — Ses sermons français, 320.
Bernard, missionnaire en Poméranie, II, 177.
Bernard de Chartres, II, 364.
Bernardin (Saint) de Sienne, II, 447, 479 ; III, 8.
Berne. Réforme, III, 70.
Bernhardi (Barthélemy), III, 44.
Berrin (Laurent), III, 211, 275.
Bernis (Cardinal de), III, 259, 278.
Bernon, II, 198.
Bernward (Saint), II, 196.
Berryer, III, 329.
Bert (Paul), III, 333.
Berthe, reine de Kent, II, 24.
Berthe, reine de France, II, 149.
Berthier (général), III, 240.
Berthold (Léonard), III, 307.
Berthold de Calabre, II, 339.
Berthold de Chiemsée, II, 457 ; III, 31, 41, 194.
Berthold de Loccum, II, 303.
Berthold de Ratisbonne, II, 320.
Berti, III, 208, 269.
Bertrade, II, 149.

Bertrand de Got, II, 337 et s.

Bérulle (Pierre de), III, 157, 160. — Sa statue par Sarrazin, à Juilly, 213.

Bérylle de Bostre, I, 166.

Beschi, III, 251.

Bessarion, II, 507, 509, 514; III, 5, 20.

Bestiaires du moyen âge, II, 439.

Bethmann-Holweg, III, 465.

Bettini, II, 457.

Beyschlag, III, 491.

Bèze (Théodore de), III, 79, 97, 118.

Bianchi, flagellants de la Haute-Italie, II, 442.

Bianchi (Isidore), III, 269.

Bianchini, III, 269.

Bible. Nombreuses éditions latines, françaises et allemandes avant Luther, III, 14, 16. — Polyglottes, 195.

Bibles des Pauvres, II, 325, 437; III, 17.

Bibliothécaires des églises, I, 310.

Bibliques (Sociétés), III, 480.

Bickell, théologien, III, 435, 449.

Bickell, canoniste protestant, III, 497.

Biedermann, III, 491.

Biel, II, 476.

Bien public (le) de Gand, III, 452.

Bière mortuaire (Épreuve de la), II, 73.

Bifaciatæ, trifaciatæ (Missæ), II, 332.

Billo (Cardinal), III, 447.

Bill d'émancipation, III, 367.

Billuart, III, 266.

Binchois, II, 501.

Binder, III, 438, 452.

Bindewald, III, 481.

Bindi, III, 391.

Bingham, I, 34.

Binsfeld, III, 152, 199.

Binterim, III, 448.

Birchowski, III, 86.

Birmanie. Missions, III, 251.

Biro (Mathieu), de Dewa, III, 87.

Bismarck (Prince de), III, 355, 357 et s.

Bisping, III, 432, 435.

Bittner, III, 438, 440.

Biunde, III, 415.

Bjœrn, roi de Suède, II, 179.

Blaise (Saint), I, 40.

Blanc, historien de l'Eglise, III, 446.

Blanc (Louis), III, 505.

Blandine (Sainte), I, 127.

Blandrata (Georges), III, 120.

Blau, III, 308.

Blaurer, III, 53.

Bleek, III, 493.

Blemmyes (les). Leur conversion, I, 446.

Blondel, I, 34, 86; II, 113; III, 293.

Blum (Mgr), III, 356, 360.

Blumhardt, III, 467.

Bluntschli, III, 466.

Bobadilla, III, 164, 168.

Bobbio, couvent, II, 35, 104.

Boccace, II, 436 et s.; III, 6.

Bochart, III, 293.

Bock (Corneille), III, 445, 449.

Bock (François), III, 448.

Bockelson, III, 63.

Bodin (Jean), III, 120.

Boëce, I, 240, 424; II, 20.

Bœhme (Jacques), III, 121.

Boëmond Ier d'Antioche, II, 286.

Boëmond II, II, 287.

Bogomiles, II, 211, 354.

Bogoris, II, 170.

Bohême. Evangélisation, II, 173. — Réforme, III, 86.

Bohême. Ecole de peinture, II, 498 et s.

Bohèmes (frères), II, 471; III, 86.

Boinebourg (de), III, 294.

Bois (Ermites des), II, 81.

Bois-le-Duc. Ecole, II, 450.

Boismont (Abbé de), III, 268, 269.

Boisserée, III, 448, 458.

Boissonade, III, 450.

Boleslas Ier et II de Bohême, II, 174.

Boleslas Ier et II de Pologne, II, 175.

Boleyn (Anne), III, 89.

Bolingbroke, III, 302.

Bollandistes, III, 199, 446.

Bologne. Concile, III, 143. — Ecole de peinture, 214.

Bolsec, III, 79.

Bolsena (Miracle de), II, 317.

Bona (Cardinal), III, 232, 270.

Bonacina, III, 199.

Bonald (de), III, 324, 413, 424, 437.

Bonaparte (Jérôme), III, 319.
Bonaventure (Saint), II, 264, 341, 348, 371, 388 et s.
Bonfiglio Monaldi, II, 341.
Bonghi, III, 373, 427.
Boniface Ier, pape, I, 329.
Boniface II, I, 309, 330.
Boniface III, II, 63.
Boniface IV, II, 63.
Boniface V, II, 64.
Boniface VI, II, 119.
Boniface VII, II, 124,
Boniface VIII, II, 266, 333.
Boniface IX, II, 411.
Boniface (Saint), II, 42, 101. — Son caractère, son œuvre, 47. — Société de —, III, 344.
Boniface (Le comte), II, 16.
Boniface de Montferrat, II, 290 et s.
Boni homines, II, 451.
Bonizon, II, 162.
Bonnetty, III, 426.
Bonose, I, 396.
Bontemps (Pierre), sculpteur, III, 213.
Book of common Prayer, III, 90.
Boos, III, 337.
Booth (Guillaume), III, 470.
Boppert, III, 361.
Bora (Catherine de), III, 45.
Bordeaux. Concile (1079 ou 80), II, 211.
Bordelum dans le Holstein. Secte du nom de cette localité, III, 286.
Bordoni, III, 270.
Borgia (Famille des), III, 19, 22.
Borgia (César), III, 22 et s.
Borgia (Lucrèce), III, 22.
Borgia (Saint François), III, 155, 172 et s.
Borromée (Saint Charles), III, 127 et s., 146, 159 et s., 201.
Borromée (Frédéric), III, 146.
Borromée (Société de Saint-Charles-), III, 344.
Borziwoi, II, 173,
Bos homès ou bos crestias, II, 355.
Bosio, III, 199.
Bosizio, S. J., III, 436.
Bosxoï, I, 391.
Bosniens (les), réunis à l'Église romaine, II, 510.

Bossuet, I, 34; III, 226 et s., 262, 265, 267, 293.
Bothwell, III, 94.
Bottari, III, 269.
Botticelli, III, 214.
Boucat, III, 266.
Boucher, ligueur, III, 136.
Bouddhisme, I, 58; III, 181 et s.
Bougre, II, 354.
Bougaud (Mgr), évêque de Laval, III, 438, 446.
Bouix (Dominique), III, 451.
Boulogne (M. de), évêque de Troyes, III, 321, 442.
Bourassé, III, 436.
Bourbon (Famille de), III, 97. — Antoine de —, 97. — Louis de —, 97. — Henri de —, 98. — Charles de —, dit le Connétable, 55.
Bourdaloue, III, 267.
Bourges (Assemblée de), II, 426.
Bourses, II, 330.
Boutaric (M.), II, 398.
Boutiquiers, II, 358.
Bouvier (Mgr), III, 429.
Braccio de Montone, II, 422.
Bradwardin (Thomas), II, 465, 476.
Brahmanisme, I, 58; III, 181.
Braine (Champ de Mars de), II, 68. — Eglise de Saint-Yved, 383.
Bramante, III, 210.
Branchereau, III, 428.
Brandebourg. Evangélisation, II, 176. — Réforme, III, 60, 66, 107.
Braniss, III, 494.
Brasart, II, 501.
Braun (Mgr), III, 415, 440, 449.
Brébeuf (J. de), S. J., III, 250.
Breczc. Concile (1593), II, 172; III, 298.
Brème. Siège épiscopal, II, 49, 179 et s. — Réforme, III, 61, 106.
Brendel (Daniel), III, 151.
Brenner, III, 414.
Brentano (Clément), III, 339, 412.
Brentano (Dominique de), III, 436.
Brenz (Jean), III, 57, 64, 114, 116 et s.
Brésil. Le christianisme au —, III, 186, 240. — Etat présent, 396.

Bressanvideo, III, 441.
Bretagne. Evangélisation, I, 115 ; II, 24 et s.
Bretonneau, III, 268.
Bretonnes (Coutumes), II, 25, 29.
Bréviaire. Origine, I, 351, 353.
Breviarium Romanum de saint Pie V, III, 128.
Briçonnet, évêque de Meaux, III, 15.
Bridaine, III, 269.
Brieger, III, 496, 498.
Brienne (Cardinal Loménie de), III, 261.
Brigandage d'Ephèse, I, 274.
Brigitte (Sainte) d'Irlande, II, 27.
Brigitte (Sainte) de Suède, II, 407, 441, 450, 456, 493.
Brigitte (Ordre de Sainte-), II, 450.
Brinkmann, III, 356, 360.
Broad church party, III, 468.
Brocard, II, 339.
Brockmann, III, 440.
Broderies du moyen âge, II, 386.
Broglie (M. de), évêque de Gand, III, 321.
Broglie (Albert de), III, 331, 437, 446.
Broglie (M. l'abbé de), III, 434, 438.
Bronze (Statues tombales en), II, 497 ; III, 214.
Brower, III, 174.
Brown (Robert), III, 92.
Brownistes, III, 92.
Brownlow, III, 448.
Brownson, III, 395, 438.
Bruccioli, III, 101.
Bruch, III, 472.
Brück, I, 41 ; III, 432, 445.
Brügg, dans le Bernois. Secte du nom de cette localité, III, 286.
Brunellesco, III, 210.
Bruni, II, 480.
Bruno (Saint), fondateur de l'ordre des Chartreux, II, 199.
Bruno (Saint), archevêque de Cologne, II, 196.
Bruno (Saint), missionnaire en Prusse, II, 303.
Bruno (Giordano), III, 124.

Brunsfeld, III, 53.
Brunswick. Réforme, III, 60.
Bruzza, III, 448.
Bucer, III, 53, 57, 64, 67, 70, 90.
Büchner, III, 504.
Buck (P. de), III, 410, 446, 448.
Budé (Guillaume), « le miracle de la France, » III, 14.
Buddeus (François), III, 290.
Buffalmaco, II, 499.
Buffet (M.), III, 331.
Bugenhagen, III, 53, 84, 116.
Bulgari, II, 354.
Bulgares. Evangélisation, II, 170. — Situation ecclésiastique, III, 501.
Bullaire, I, 16.
Bullant (Jean), architecte, III, 212.
Bullinger, III, 65, 71, 81.
Bulosudès, II, 174.
Bunsen (de), III, 465 et s., 491, 496.
Buohler, III, 444.
Buonarotti, archéologue, III, 269.
Buoncompagni, II, 378.
Burchard de Worms, II, 161, 218.
Burgondes, II, 17.
Buridan, II, 475.
Bursfeld (Congrégation de), II, 447.
Bus (César de), III, 161.
Busch (Jean), II, 446, 462.
Busch (Hermann), III, 9.
Busenbaum, S. J., III, 271.
Busse, III, 449.
Buttlar. Secte de ce nom, III, 286.
Buttmann, III, 494.
Buxtorf père et fils, III, 118, 292.
Byron, III, 507.
Byzantin (Art). Architecture, I, 437. — Peinture, II, 238, 386. — Ivoires, 239. — Orfèvrerie et Émaillure, 239.
Byzantins (Historiens), I, 31.
Bzovius, III, 197.

C

Caballero (Fernand), III, 461.
Caballero, théologien, III, 449.
Cabasilas, V. *Nicolas*.
Cabbale, II, 313.

Caen. Abbaye-aux-femmes, — aux-hommes, II, 237.

Caesaraugustana (*Collectio*), II, 162.

Cahier, S. J., III, 410, 448.

Caïnites, I, 151.

Caïus, pape, I, 184.

Caïus (Le prêtre), I, 172, 195, 217.

Cajetan, III, 38, 192.

Calas (Jean), III, 294.

Calasanz (Saint Joseph), III, 158.

Calatrava (Ordre de), II, 302.

Calderon, III, 221, 279.

Calendrier. Réforme grégorienne, III, 130.

Calice, I, 380.

Californie. Évangélisation, III, 250.

Calixt (Georges), V. *Callisen*.

Calixte (Saint) ᵉʳ ou Calliste, pape, I, 129, 169, 183, 185 et s.

Calixte II, II, 146.

Calixte III, II, 431 ; III, 19.

Calixtins, II, 470.

Callisen (Georges), III, 289, 294.

Calliste (Saint), V. *Calixte*.

Calmet (Dom), III, 264.

Calomnies des païens contre les chrétiens, I, 117.

Calov, III, 289.

Calvin, III, 78 et s., 118.

Calvinisme, III, 78 et s., 106, 291.

Camaldules, II, 199.

Cambalu, II, 306; V. *Pékin*.

Cambrai (Ligue de), III, 24.

Camina, III, 447.

Camisards, III, 227.

Campanus, III, 119.

Campeador, V. *Cid*.

Campeggi, III, 58.

Campion (Le bienheureux), III, 170, 406.

Canada. Évangélisation, III, 250. — État présent de l'Église, 395.

Candie. Conquête turque, III, 233.

Canisius (le B.), III, 150, 168, 194.

Cano (Melchior), III, 188 et s.

Canon biblique, I, 128, 198.

Canon en musique, II, 501.

Canons apostoliques (*les*), I, 224.

Canonici, II, 82.

Canonisation. Pour l'antiquité, V.

Vindicatio martyrum. — Premier exemple de canonisation solennelle (993), II, 189, 196. — Réservée au pape, 275.

Canossa (Entrevue de), II, 140.

Canova, III, 239, 458.

Cantilènes, Origine et caractère de ce genre, II, 389. — *Cantilène de sainte Eulalie*, 241, 389.

Cantique spirituel, II, 502.

Cantique protestant, III, 116, 279, 288.

Cantons suisses primitifs, III, 70.

Cantorbéry (Siège de), II, 29.

Cantores, ordre clérical, I, 176, 348.

Cantù (César), III, 438, 447, 452.

Canut le Grand, II, 180.

Capecelatro (Cardinal), III, 391, 447.

Capefigue, III, 446.

Capella, I, 355.

Capellus, III, 292.

Capistran (Saint Jean de), II, 432, 447, 471, 479.

Capiton, III, 53, 64, 67, 69.

Capitulaires, II, 155. — Collections, I, 16.

Cappel (Traités de), III, 70 et s.

Capponi (Gino), III, 372, 447.

Capucins, III, 158.

Caracalla, I, 128.

Caracci, les Carrache, III, 276.

Caraccioli (Galeazzo), III, 101.

Caraffa, III, 125 et s.

Caraïtes, II, 308.

Caravaggio, III, 276.

Caravita, III, 447.

Carbéas, II, 92.

Carbonari, III, 378.

Cardanus, III, 446.

Cardinaux, II, 132, 277.

Carême, I, 202, 378.

Carinthie. Conversion, II, 172.

Carloman, fils de Charles-Martel, II, 45 et s.

Carloman, fils de Pépin le Bref, II, 68 et s.

Carloman, fils de Charlemagne, II, 69.

Carloman, fils de Louis le Germanique, II, 118.

Carlostadt, III, 38, 45 et s.
Carmélites, III, 160.
Carmes. Leur origine prétendue et leur origine réelle, II, 339. — Réforme de saint Jean de la Croix, III, 160. — Au xixᵉ siecle, 411.
Carnaval (Jeux de), II, 324, 503.
Carnesecchi, III, 101.
Carolingiens, II, 110.
Carovè, III, 337.
Carpentarius, III, 61.
Carpi (de), III, 125.
Carpocrate, I, 154.
Carpzov, III, 153, 291.
Carranza, III, 100.
Carraric, II, 15.
Carrasco, III, 475.
Carrière, III, 440.
Carstens, III, 454.
Carvajal, II, 428.
Cas réservés au pape, II, 275, 317.
Casandy (Mgr), III, 363.
Casimir Iᵉʳ de Pologne, II, 175.
Casimir V (Jean), III, 171.
Casoria (Lud. di), III, 373, 397.
Cassani, III, 373, 452.
Cassien, I, 307, 393, 422.
Cassiodore, I, 32, 394, 424; II, 20.
Castagno (André del), II, 500.
Castalion, V. Châtillon.
Castelfidardo (Bataille de), III, 380.
Castells, capucin, III, 401.
Castor (Saint), II, 41.
Castro, III, 137.
Castro (Christophe de), III, 196.
Castropalao, III, 192, 200.
Casula, I, 355.
Catacombes, I, 132, 205, 437; III, 199, 430.
Cataphrygiens, I, 196.
Cateau-Cambrésis (Traité de), III, 127.
Catéchèses mystagogiques, I, 190.
Catéchètes, I, 176.
Catéchétique (École) d'Alexandrie, I, 215.
Catéchismes en images, II, 437.
Catéchisme de Heidelberg, III, 106.
Catéchisme de Luther, III, 60.
Catéchisme de Rakow, III, 120.

Catéchisme romain, III, 128.
Catéchuménat, I, 190.
Cathares, II, 353.
Catharin, III, 192.
Cathedra (ex), III, 388.
Cathénothéisme, I, 57.
Catherine (Sainte) d'Alexandrie, I, 138.
Catherine (Sainte) de Bologne, II, 484.
Catherine (Sainte) de Gênes, II, 484.
Catherine (Sainte) de Sienne, II, 409, 411, 455, 483.
Catherine (Sainte) de Suède, II, 407.
Catherine (Couvent du val Sainte-), II, 487.
Catherine (Jeu de Sainte), II, 503.
Catherine de Médicis, III, 97 et s.
Catherine ii de Russie, III, 260, 273.
Caumont (de), III, 448.
Caussin (Nicolas), S. J., III, 220.
Cavaignac (Le général), III, 328.
Cavalcaselle, III, 448.
Cavour, III, 372 et s., 380.
Ceadmond (Saint), II, 106.
Cécile (Sainte), I, 127.
Cécilien de Carthage, I, 334 et s.
Célestin (Saint)ᵉʳ, pape, I, 270, 307, 309.
Célestin ii, II, 247.
Célestin iii, II, 252.
Célestin iv, II, 261.
Célestin v, II, 266.
Célestins (Ermites), II, 266.
Célestius, I, 295, 301.
Célibat ecclésiastique, I, 101, 177, 313. — Opinion de Zabarella et de Sagnel, II, 445; — de Gerson, 445. — Sigismond-Auguste, l'empereur Ferdinand Iᵉʳ en demandent l'abolition, III, 129 — Les Vieux-catholiques, 348.
Colle (Giov. delle), II, 457.
Cellæ cœmeteriales, I, 229, 233.
Cellini (Benvenuto), III, 213.
Celse, I, 127, 141.
Celtès (Conrad), III, 10.
Cénacle (Religieuses de Notre-Dame du), ou de la Retraite, III, 408.
Centre allemand (Parti du), III, 342, 354, 358.
Centuries de Magdebourg, I, 34, 42; III, 118.

Cerdon, I, 155

Cerfroid, berceau de l'ordre de la Trinité, II, 340.

Cériani, III, 434, 450.

Cérinthe, I, 106.

Cervini (Marcel), III, 125 et s., 142.

Césaire (Saint) d'Arles, I, 309, 423.

Césaire d'Heisterbach, II, 319, 378.

Césarini, II, 423, 427, 479.

Césaropapisme, III, 105.

Céséna (Michel de), II, 401.

Chacon (Alphonse), III, 199.

Chaînes patristiques, I, 431.

Chaires à prêcher, surtout au xve siècle, II, 184, 496.

Chaise-Dieu (Abbaye de la). Procession de morts, II, 438.

Chalcédoine. Concile œcuménique (451), I, 273.

Chaldéens (Chrétiens), I, 272; III, 400 et s.

Chalmers, III, 465, 469.

Chalybaeus, III, 494 et s.

Chamard (Dom), III, 446.

Champagne (Philippe de), III, 216.

Champeaux (Guillaume de), II, 225, 362.

Chanel (Le B. Pierre), Mariste, III, 406.

Chanoines, II, 82. — Réguliers, séculiers, 338. — *Chanoines réguliers de Saint-Augustin*, 338. — *Chanoines de la Vie commune*, 450.

Chanoinesses, II, 82.

Chant d'église, I, 200, 347; II, 187, 386, 501; III, 217, 280. Cf. *Cantique*.

Chant sur livre, II, 387.

Chantal (Sainte Jeanne-Fr. de), III, 160.

Chape, I, 355.

Chapelle papale, II, 501.

Chapelles des bas côtés (les) apparaissent au xive siècle, II, 496.

Chapitre, II, 83; — de chanoines, 83. — Chapitres nobles, 277, 444.

Charismata, I, 98.

Charles Martel, II, 49, 59.

Charles i^{er} (Charlemagne), II, 68, 70, 88, 90, 94, 102, 106, 190, 236.

Charles IV, empereur, II, 405.

Charles-Quint, III, 49 et s., 77.

Charles i^{er} le Chauve, de France, II, 112, 152, 215.

Charles II le Gros, II, 118.

Charles VII, II, 426.

Charles VIII, III, 23.

Charles IX, III, 97 et s.

Charles X, III, 325.

Charles i^{er}, d'Angleterre, III, 93.

Charles II, III, 93.

Charles IX de Suède, III, 83.

Charles i^{er} d'Anjou, II, 263, 265, 295.

Charles-Alexandre de Wurtemberg, III, 295.

Charpentier, adversaire de Ramus, III, 15.

Charpentier, III, 449.

Charle (La Grande-), II, 257.

Chartres. Cathédrale, II, 383. — Église Saint-Père, 383.

Chartreux, II, 199, 446; III, 411.

Chateaubriand, I, 464; III, 324, 413, 437, 451.

Châteillon, III, 79, 118.

Châtel (Jean), III, 169.

Châtres, sur l'Orge, patrie de saint Corbinien, II, 39.

Chazares, II, 171.

Cheffontaines, III, 193.

Χειμάζοντες, I, 192.

Cheminais, III, 268.

Chemnitz, III, 116 et s.

Cherbourg. A l'église de la Trinité, douze panneaux sculptés représentant une danse des morts, II, 438.

Cherbury (Herbert de), III, 302.

Chéreng (Cloche de), II, 438.

Chétumar, II, 172.

Chevalerie, II, 296, 323. — Ordres de —, 296, 302.

Chevalier (Mgr), à Tours, III, 446, 448.

Chevalier (M. l'abbé Ulysse), III, 446.

Chevaliers (Guerre des), III, 47.

Chevassu, III, 268.

Cheverus (Cardinal), III, 325.

Chieregato, III, 52.

Chigi (Fabio), III, 178.

Childéric, père de Clovis, II, 21.

Chilpéric 1er, roi de Neustrie, II, 55.
Chine. Missions durant le moyen âge, II, 302, 305 et s., 308; — dans les temps modernes, III, 183, 251, 309, 478, 480 — Controverse des cérémonies chinoises, 251.
Chlistowtschini, secte russe, III, 300.
Chœurs (Doubles), en Allemagne et en France, II, 183, 237.
Choiseul, III, 257 et s.
Choral, I, 349.
Choral métrique, III, 281.
Chorévêques, I, 177; II, 31.
Chorévêques, maîtres de chœur au moyen âge, I, 177.
Chosroës II, I, 444.
Chottien travaille à la réforme des chanoines réguliers, II, 446.
Christ, poème haut-allemand, II, 242.
Christian-Auguste de Holstein, converti au catholicisme, III, 295.
Christian Oliva, évêque des Prussiens, II, 303.
Christian II de Danemark, III, 84.
Christian III, III, 84.
Christine de Suède. Sa conversion, III, 232, 295.
Christine d'Espagne, III, 370.
Christologiques (Controverses), I, 267.
Christophe, pape, II, 119.
Christophe Colomb, III, 185.
Chrodegang, II, 82.
Chronicon Paschale, I, 411.
Chronicon Placentinum, II, 377.
Chronique des Empereurs, II, 316.
Chronologie, I, 26.
Chrysanthe et Daria (Saints), I, 134.
Chrysologue (Saint Pierre), I, 424.
Chrysostome (Saint Jean), I, 264 et s., 410.
Chytes, II, 51.
Chypre (Royaume de), II, 289.
Chytraeus, III, 110.
Cibo (Franceschetto), III, 21.
Ciborium, I, 380.
Cibrario, III, 447.
Cicognara, III, 447.
Cid (le), II, 281.
Cimabue, II, 386.

Cimetières, I, 132, 205, 437.
Circumcelliones, I, 336.
Ciriaci, III, 86.
Cisterciens, II, 337; III, 253, 411.
Civiltà cattolica, III, 384, 452.
Claire (Sainte), II, 342.
Claire (Abraham de Sainte-), III, 272.
Clairvaux, II, 337.
Clarac, III, 448.
Clarenbach, III, 61.
Clarendon (Articles de), II, 255.
Clarisses, II, 342.
Clarus (Louis), III, 446.
Claude Apollinaire, I, 215.
Claude, empereur, I, 122.
Claude le Gothique, I, 134.
Claude Mamert, I, 441.
Claude de Turin, II, 201, 214, 357.
Claude de Savoie, III, 120.
Claude (Jean), S. J., III, 267.
Clausen, III, 470.
Claver (Saint Pierre), III, 186, 406.
Clavius, III, 174.
Clémengis (Nicolas), II, 412, 459.
Clemens (Flavius), I, 124.
Clemens, professeur, III, 416, 420, 428, 430.
Clément (Saint) 1er, pape, I, 125, 183, 200, 212.
Clément II, II, 130.
Clément III, II, 252.
Clément IV, II, 263, 359.
Clément V, II, 398.
Clément VI, II, 404.
(Clément VII, II, 411.)
(Clément VIII, antipape, II, 421.)
Clément VII, III, 52, 124, 159.
Clément VIII, III, 132 et s., 161, 208.
Clément IX, III, 233.
Clément X, III, 225, 233.
Clément XI, III, 235.
Clément XII, III, 208, 236.
Clément XIII, III, 228, 239, 258.
Clément XIV, III, 239, 259.
Clément-Venceslas, de Trèves, III, 229, 230.
Clément d'Alexandrie, I, 200, 215.
Clément, hérétique, II, 45.
Clément, régicide, III, 98.

Clémentines, I, 87, 147.

Clémentines ou *Liber septimus decretalium*, II, 279.

Clercs et frères de la vie commune, II, 444, 450.

Clergé, 1re période : évêques, prêtres, diacres, I, 96.

IIe période : chorévêques, ordres mineurs, 174.

IIIe période : fonctions nouvelles, 310.

IVe période, II, 61, 75, 77.

V^e — 193.

VIe — 277, 327.

VIIe — relâchement, 444.

VIIIe — III, 33, 103, 148 et s.

IXe — 309.

Clericis laïcos, bulle, II, 267.

Clermont. Concile (535), II, 58 ; — (1095), 143, 149, 285.

Clichtoue, III, 193.

Clifford (Mgr), III, 386.

Clinique (baptème), I, 177.

Cloches, I, 381 ; II, 184, 438. — Etymologie, 184.

Clotilde (Sainte), II, 18, 21 et s.

Clovis, II, 21 et s. — Sa conversion, II, 21. — Elle fut sincère, 22. — Importance de cet événement, 12, 23.

Cluny II, 198.

Coadjuteurs (Évêques), II, 278.

Coccejus, III, 118, 292.

Cochem (Martin de), capucin, III, 272.

Cochet, III, 448.

Cochin (Augustin), III, 329.

Cochinchine, III, 399.

Cochlœus, III, 43.

Cock (H. de), III, 471.

Codde (Pierre), III, 246.

Coeffeteau (Nicolas), O. P., III, 193.

Cœlicolæ, I, 240.

Cœna (In) Domini, bulle, III, 137.

Cœur (Mgr), III, 443.

Coffin (Charles), poète latin, III, 279.

Coire, siège épiscopal du Ve siècle, II, 36.

Cojureurs, II, 54.

Colani, III, 472, 498.

Colenso, III, 469.

Colette (Sainte), II, 482, 484.

Coligny, III, 208.

Collectae, I, 208.

Collège germanique, III, 130, 167, 432.

Collège romain, III, 130, 167, 432.

Collège des trois langues ou de France, III, 14.

Collegia tenuiorum, I, 131.

Collegia pietatis, III, 290.

Collégial (Système), III, 105.

Collégiants, III, 122.

Collet, III, 266.

Colloques religieux, III, 73, 75, 86, 97.

Collyridiennes, I, 370.

Cologne (Eglise de), I, 114 ; II, 40, 46. — L'électorat sécularisé, III, 334. — Siège rétabli, 335. — La Réforme y échoue, 74, 77. — Cathédrale, II, 382 — Ecole de peinture, 499.

Colomb (Michel), sculpteur, III, 213.

Colomba (Saint), d'Iona, II, 27.

Colomban (Saint) le Jeune, II, 20, 34, 80.

Colombes blanches, II, 442.

Colombière (de la), S. J., III, 268, 404.

Colombini (Le B. Jean), II, 449.

Colombini (Catherine), II, 449.

Colonna (les), famille romaine, II, 266 et s. — En lutte avec Boniface VIII, 267 et s.

Colonna (Sciarra), II, 268, 271, 402.

Colonna (Stefano), II, 268.

Colonna (Vittoria), III, 101, 126.

Colonna (Marc-Antoine), III, 129.

Colonna (Gilles), dit de Rome, II, 270, 370, 379.

Combefis, III, 263.

Comes, prétendu de Saint-Jérôme, I, 344.

Commende, II, 75, 194.

Commission des réguliers (1776), III, 260.

Commode, empereur, I, 128.

Commodien, I, 219.

Commonitorium de Saint Vincent de Lérins, I, 245.

Commune de Paris, III, 331.

Communion, v. *Eucharistie*. — Communion domestique, I, 207. — Épreuve de la communion, II, 73.

Communistes, III, 61, 505.
Communistes bibliques, III, 476.
Comnènes (les), II, 230, 232, 391.
Comonfort, III, 395.
Compactata, v. Pacte.
Comparée (Science) des religions, I, 56.
Compiègne reçut les premières orgues apportées de Constantinople, II, 188.
Complies, I, 350.
Composition ou rachat de pénitence, II, 78.
Comput de Florence, de Pise, I, 27.
Computation canonique, II, 75.
Comte (Auguste), III, 504.
Conceptualisme, II, 223.
Concerts spirituels, III, 280.
Conciles, I, 326. — Espèces, 326 et s.
— Convocation et présidence, 323.
— Conciles œcuméniques, 326.
I⁰⁰ Conc. œc. de Nicée (325), I, 203, 249.
II⁰ — Constantinople (381), 259.
III⁰ — Éphèse (431), 270.
IV⁰ — Chalcédoine (451), 274.
V⁰ — Constantinople (553), 282.
VI⁰ — Constantinople (680), 288.
VII⁰ — Nicée (787), II, 87.
V:I.⁰ — Constantinople (869), 164.
IX⁰ — Latran (1123), 147.
X⁰ — Latran (1139), 247.
XI⁰ — Latran (1177), 251.
XII⁰ — Latran (1215), 258, 333.
XIII⁰ — Lyon (1245), 261, 335.
XIV⁰ — Lyon (1274), 264, 368, 371.
XV⁰ — Vienne (1311-12), 300, 399, 453.
XVI⁰ — Constance (1414-18), 417 et s., 467.
XVII⁰ — Florence (1438), 427 et s., 508.
XVIII⁰ — Latran (1512-17), III, 24,
XIX⁰ — Trente (1545-63), 74, 139.

XX⁰ — Vatican (1869-70), 382.
— Conciles non œcuméniques, voir les noms des lieux où ils ont été célébrés.
Conciles (Collections des), I, 46.
Conciliation (Théologie de), III, 491.
Conclave, III, 136.
Concordat de Léon X et de François I⁰⁰, III, 26 et s. — Concordat de la nation germanique, II, 427. — De Napoléon I⁰⁰, III, 317. — Autrichien de 1855, 361. — Allemands du xix⁰ siècle, 334.
Concorde de Cresconius, I, 243.
Concorde de Wittemberg, III, 65.
Concorde (Formule de), III, 110.
Concubinaires (clercs), I, 209; II, 138, 445; III, 102.
Concubitus Œdipodei, I, 116.
Condé (Louis I⁰⁰ de), III, 97.
Condren (Père Charles de), III, 308.
Conecte (Thomas), III, 27.
Confesseurs, I, 116.
Confessio Augustana, III, 58.
Confessio Belgica, III, 88.
Confessio Gallicana, III, 96.
Confessio Havnica, III, 84.
Confessio Helvetica, III, 65.
Confessio Helvetica posterior, III, 81.
Confessio Hungarica, III, 87.
Confessio Marchica, III, 107.
Confessio Saxonica, III, 97.
Confessio Scotica, III, 85.
Confessio tetrapolitana, III, 59.
Confession Wurtembergeoise, III, 77.
Confession, I, 191, 193. — Sceau sacramentel, 193.
Confessions de foi, I, 17.
Confession dans les basiliques, I, 436.
Confidence (Évêchés donnés en), III, 149.
Confirmation, I, 357; II, 185.
Confucius, III, 183.
Congregatio de aux. gratiae, III, 204.
Congrégations (les) du x⁰ siècle, phase nouvelle dans l'histoire du monachisme, II, 197.
Congrégation du Saint-Esprit et du Saint-Cœur-de-Marie, III, 409.

Congrégation de Notre-Dame-de-Sion, III, 408.

Congrégation de Saint-Joseph, III, 395, 408.

Congrégation de Saint-Joseph-de-Cluny, III, 408.

Congrégations romaines, III, 131.

Congregational Board, III, 92.

Congrégationalistes, III, 92.

Congruisme, III, 208.

Coninck, III, 200.

Conon, pape, II, 65.

Conrad (Saint), II, 196.

Conrad II, empereur, II, 129.

Conrad III, II, 287.

Conrad IV, II, 263.

Conrad de Marbourg, II, 356.

Conrad de Masovie, II, 303.

Conrad de Montferrat, II, 288 et s.

Conrad de Queinfurt, II, 502.

Conrad de Wurtzbourg, II, 389.

Conradin, II, 263.

Consalvi (Cardinal), III, 317, 322, 376 et s.

Conscience, romancier flamand, III, 461.

Conscientiarii, III, 303.

Consécration des églises, I, 367.

Consensus Genevensis, III, 81.

Consensus Sandomirensis, III, 85.

Consensus Tigurinus, III, 81.

« Conservateur » (Esprit), nécessaire en histoire, II, VIII.

Consistoires, III, 105.

Consolamentum, II, 355.

Constance Chlore, I, 135, 138.

Constance, fils de Constantin le Grand, I, 234, 253, 255 et s.

Constance d'Aragon, II, 251, 254.

Constance. Siège épiscopal, II, 34, 36. — Traité, 251. — Concile, 417 et s., 476.

Constant, empereur, I, 234, 253, 255, 387.

Constantia, sœur de Constantin le Grand, I, 249, 251.

Constantin Iᵉʳ, pape, II, 65.

Constantin II, antipape, II, 66.

Constantin, Paulicien, II, 92.

Constantin, V. *Cyrille*, frère de saint Méthode.

Constantin Lascaris, III, 5.

Constantin Chrysomale, II, 393.

Constantin le Grand, I, 138, 233 et s.

Constantin II, I, 234.

Constantin IV Pogonat, I, 288.

Constantin V Copronyme, II, 86.

Constantin VI Porphyrogénète, II, 86 et s.

Constantin X Monomaque, II, 168.

Constantin XIII Dracosès, II, 510.

Constantinople, II, 431, 510 et s. — Empire latin, 290.

Constitution civile du clergé, III, 314.

Constitutions apostoliques, I, 224.

Constitutum de Vigile, I, 283.

Consubstantiation, III, 64.

Contarini, III, 73, 101, 125, 192.

Contenson, III, 266.

Contrelières près Coutances. Danse des morts sculptée, II, 438.

Contre-point, II, 387.

Contre-remontrants, III, 112.

Contzen, S. J., III, 296.

Convention nationale, III, 315.

Conventuels, II, 344.

Convertis (Protestants et Juifs), III, 295, 481.

Convulsionnaires, III, 246.

Cracovie. Son université favorable à la Réforme, III, 85.

Copernic (Système de), III, 137.

Copiatae, I, 311.

Copin (Pierre), III, 198.

Coptes, I, 278, 309.

Coquerel (Athanase) père, III, 472, 496.

Coran, II, 51.

Corbinien (Saint), II, 38.

Corblet (l'abbé), III, 448.

Cordoue (Califat de), I, 280.

Corée. Mission, III, 399.

Corinthe. Organisation de la communauté chrétienne, I, 132.

Corneille (Saint), pape, I, 133, 184, 187.

Corneille de la Pierre, III, 196.

Corneille (Pierre), III, 221, 277.

Corneillemoutiers, couvent, II, 81.

Cornélius, peintre, III, 455.
Corpi Santi, III, 406.
Corporal, I, 380.
Corporation des chrétiens, reconnue à Rome dès le milieu du III° siècle, I, 131.
Corpus juris canonici, II, 279.
Corpus doctrinæ Pruthenicum, III, 109.
Corrège (Le), III, 215.
Cortès (Donoso), III, 370, 438.
Corvey, colonie de Corbie, II, 49.
Cosmas Indicopleustès, I, 412, 447.
Cosmas, usurpateur byzantin, II, 85.
Cosmati (les), famille de mosaïstes, II, 385.
Cosme et Damien (Saints), I, 138.
Cosme de Prague, II, 377.
Cossa (Balthasar), V. *Jean XXIII.*
Cossart, S. J., III, 264.
Cotelier, I, 21 ; III, 263.
Cotton, S. J., III, 169.
Coupes. Fonds de — historiés, I, 228.
Coupoles, I, 437 ; II, 236 et s.
Courlande. Réforme, III, 85.
Couronnement des empereurs à Rome. Le premier, II, 108. — Le dernier, 431.
Cousin (Jean), sculpteur, III, 213.
Coussemaker (de), III, 462.
Couturier, III, 441.
Couvents. Désordres à la fin du moyen âge, II, 444 et s.
Couvents de femmes, I, 391 et s. ; II, 81.
Couvents doubles, II, 82, 198.
Couvents (les) et l'architecture, II, 236, 383.
Coux (de), III, 327.
Cranach, III, 41, 217.
Cranmer, III, 89 et s.
Cratiz, I, 38.
Craven (Mme Augustus), III, 330, 461.
Creil. Église Saint-Evremond, II, 381,
Crémation des morts, I, 386.
Cremer, III, 438.
Crépin et Crépinien (Saints), I, 137.
Créqui, ambassadeur français à Rome, III, 233.

Crescens, Cynique, I, 127.
Cresconius, I, 243.
Crétineau-Joly, III, 446.
Crimée (Guerre de), III, 500.
Critopulos, III, 298.
Croisades, II, 283. — Considérées comme sujet poétique, 323.
Croix (La vraie), I, 372. — Invention, 372. — Exaltation, 373. — Reliques, 372.
Croix (Signe de la), I, 366.
Croix (Épreuve de la), II, 73.
Cromwell (Thomas), III, 89.
Cromwell, le Protecteur, III, 93.
Crosnier, III, 448.
Crotus Rubianus, III, 9.
Crucifix satirique du Palatin, I, 118.
Cryptes. Origine, I, 436. — Se multiplient, II, 237.
Crypto-Calvinistes, III, 109.
Ctistolâtres, I, 278.
Culdéens, II, 32, 47.
Culling, III, 465.
Culte, 1re période, I, 98.
— 2e — 196, 208, 204.
— 3e — 339, 356, 366, 374.
— 4e — II, 83.
— 5e — 183.
— 6e — 316.
— 10e — III, 403.
Culturkampf, en Allemagne, III, 352. — En Belgique, 365. — En France, 332.
Cum ex apostolatus officio, bulle, III, 129.
Cumul de bénéfices, II, 277.
Cunégonde (Sainte), II, 127, 196.
Cunibert (Saint), II, 40.
Cunitz, III, 472.
Curci (P.), III, 373, 410, 435, 441, 443.
Curie romaine, II, 272.
Curio, III, 101.
Cusa (Nicolas de), I, 33 ; II, 424 et s., 428, 447, 460 et s., 507, III, 7.
Cycle de l'art chrétien antique, I, 228.
Cyprian (Salomon), III, 290.
Cyprien (Saint) de Carthage, I, 134, 186 et s., 191, 218, 427.
Cyrilla, évêque arien, II, 17.

Cyrille (Saint) d'Alexandrie, I, 270 et s.; 408.
Cyrille (Saint) de Jérusalem, I, 406.
Cyrille Lukaris, III, 101, 298.
Cyrille (Prophétie de), II, 455.
Cyrille et Méthode (Saints), II, 170 et s., 173.
Cyrillonas, I, 413.
Cyrillos, patriarche *orthodoxe* de Jérusalem, III, 501.
Cyrus d'Alexandrie, I, 283 et s., 288.
Czerski, III, 343.

D

Dach (Simon), III, 117, 279.
Dacius de Milan, I, 281.
Dagobert de Pise, II, 286.
Daillé, I, 34 ; III, 293.
Dalberg (Charles-Théodore de), III, 231, 334, 336.
Dalgairns, de l'Oratoire, III, 444.
Dalmatique, I, 355.
Damascius, I, 239.
Damase (Saint) I, pape, I, 206, 262, 328, 440.
Damase II, II, 130.
Dames auxiliatrices du Purgatoire, III, 408.
Dames du Sacré-Cœur-de-Jésus, III, 408.
Damien (Saint Pierre), V. *Pierre*.
Damiette, II, 293 et s.
Dandolo, II, 290.
Danemark. Conversion, II, 178, 180.
— Réforme protestante, III, 84. —
Situation présente, 470.
Daniel de Paris, O. P., II, 435.
Daniel, S. J., III, 410, 446.
Daniel, théologien évangélique, III, 495.
Danko, III, 362, 432, 434.
Dannecker, III, 459.
Dannenmayer, III, 272, 414.
Dante, II, 271, 401, 436 et s., 503 ; III, 4. — Profondément catholique, II, 504.

Danton, III, 315.
Dantzig. Réforme protestante, III, 85.
Danz, I, 43.
Dara (Jean), II, 308.
Darboy (Mgr), archevêque de Paris, III, 331, 382, 386, 390, 412, 437, 446.
Darby, III, 477.
Darnley, III, 94.
Darras, III, 445.
Darwin, III, 504.
Daub, III, 485.
Daumer, III, 481.
David d'Augsbourg, II, 320, 372.
David de Dinant, II, 353.
David, peintre, III, 454.
Décades, III, 315.
Dèce, I, 132.
Dechamps (Cardinal), III, 386, 438, 443.
Dechamps, homme d'État, III, 366.
Déchant, II, 38[7].
Déchaussés (Ermites augustins), II, 341.
Declaratio cleri Gallicani, III, 226.
Décoration (la) excessive et adventice marque la décadence du style gothique, II, 383, 494 et s.
Décrétales, II, 155. — Les fausses —, 155, 157.
Decretum Gratiani, II, 278.
Decretum Gregorii, II, 279.
Défénestration de Prague (1415), II, 469.
Defensores, I, 310 ; II, 57 et s.
Deger, III, 456.
Dégradation, I, 361.
Deguerry (l'abbé), III, 443.
Deharbe, S. J., III, 441.
Delafosse, de Saint-Sulpice, III, 310.
Délisle (M. Léopold), I, 237 ; II, 197.
Delitzsch, III, 490, 493 et s.
Delorme (Philibert), architecte, III, 212.
Delrio, S. J., III, 152.
Démétrius Cydonius, II, 513.
Démétrius (Le faux), III, 298.
Démiurge, I, 145.
Démocratie socialiste, III, 506.
Denck, III, 119.
Δενδρῖται, II, 392.
Denier de Saint-Pierre, II, 267, 272.

Denifle, O. P., II, 489 ; III, 446, 449.
Denis (Saint), abbaye. Séjour du pape Étienne II, II, 68. — Église abbatiale, 381. — Verrières de Suger, 386.
Dénominations, III, 469.
Denys (Saint), pape, I, 170, 184.
Denys (Saint) d'Alexandrie, I, 170, 173, 216.
Denys le Petit, I, 201, 243, 424.
Denys (Saint) l'Aréopagite, I, 405 ; II, 216.
Denys Barsalibée, II, 308.
Denys le Chartreux, II, 439, 445, 477.
Denzinger, I, 17 ; III, 419, 439, 450.
Déposition, I, 361.
Dernbach (Balthazar de), III, 151.
De salute animarum, bulle, III, 335.
Descartes, III, 301.
Desgenettes (l'abbé), III, 405.
Des Vignes (Pierre), II, 262, 378.
Deusdedit. Sa collection canonique, II, 161.
Deutinger, III, 444, 449.
Développement doctrinal, I, 7, 23.

Iʳᵉ période,		103
IIᵉ	—	143-173
IIIᵉ	—	244-309
IVᵉ	—	II, 91.
Vᵉ	—	204
VIᵉ	—	361
VIIᵉ	—	464

Deventer. Centre de la société des Frères de la vie commune, II, 440 ; III, 10, 12.
Devie (Mgr), III, 441.
Devoti, III, 451.
Dhu-Nowas, V. *Dunaan*.
Diaconesses, I, 176.
Diaconesses protestantes, III, 467.
Diacres, I, 176.
Diderot, III, 304.
Didier, roi des Lombards, II, 69.
Didier de la Cour, III, 157.
Didron, III, 448.
Didyme d'Alexandrie, I, 406.
Dieckhoff, catholique, III, 440.
Dieckhoff, protestant, II, 357 ; III, 490, 497.
Diedrich, III, 465.

Diendorfer, III, 451.
Diepenbrock (Cardinal), III, 444, 460.
Dieringer, III, 346, 419, 431, 436, 439.
Dies iræ, II, 388.
Diesterweg, III, 495.
Dimanche, I, 201, 374.—
Dîmes, II, 56, 331.
Dîmes (Bill des) de 1838, III, 367.
Dioclétien, I, 135.
Diodore de Tarse, I, 271, 410.
Diognète (Épitre à), I, 212.
Dioscore, martyr, I, 133.
Dioscore, patriarche, I, 273-75.
Diplomatique, I, 18.
Dippel, III, 286.
Diptyques, I, 353.
Discipline ecclésiastique, I, 189, 496 ; II, 72, 183, 316, 586.
Dispute de Leipzig, V. *Leipzig*.
Dissidents (Paix des) en Pologne, III, 85.
Dithéisme des Hésychastes, II, 512.
Division logique de l'Histoire de l'Eglise d'après son multiple objet, I, 6. — Division chronologique, 12.
Djem, frère de Bajazet II, III, 22.
Dobmayer, III, 414, 438.
Docètes, I, 106.
Docteur (Titre de), II, 330.
Doctor audientium, I, 176, 310.
Doctrine chrétienne (Pères de la), III, 161.
Dodwell, I, 34 ; III, 293.
Dœllinger, I, 41 ; III, 339, 341, 346 et s, 384, 387, 423, 432, 445, 449.
Dogmatisme philosophique, III, 301.
Dogmes (Histoire des), I, 7, 19.
Dolci, III, 276.
Dombrowka, II, 175.
Dominicains, II, 344, 359 ; III, 327, 411.
Dominical, I, 358.
Dominique (Saint), II, 344, 359.
Dominiquin (Le), III, 276.
Dominus, Domina, I, 368.
Dominus ac redemptor bulle, III, 259.
Domitien, I, 123.
Domitilla (Flavia), I, 124.

Domitilla (Sainte) la Jeune, I, 125.
Donat de Case-Noire, I, 334.
Donat le Grand, I. 335, 337.
Donatello, III, 212.
Donation de Constantin, II, 66, 402, 468 ; — de Pépin, 68 ; — de Charlemagne, 69.
Donatistes, I, 332.
Donnadieu (Barthélemy de), évêque de Comminges, III, 149.
Dordrecht. Synodes, III, 88, 291.
Doré (Gustave). III, 456.
Dörner, III, 491, 494 et s.
Dorothée (Saint), martyr, I, 138.
Dorothée (Sainte), I, 138.
Dorothée, fondateur de l'école d'Antioche, I, 219.
Dorso, inquisiteur, II, 356.
Dosithée, I, 109.
Δουλεία, I, 367.
Dove, III, 497.
Dowlat, III, 344.
Doyens, II, 277.
Dragonnades, III, 100. 294.
Drahomira, II, 174.
Drake, III, 459.
Drames spirituels, I, 439 ; II, 241, 324, 503 ; III, 462.
Drexelius, III, 202.
Dresde (Ecole de), III, 456.
Dreux-Brézé (Mgr de), évêque de Moulins, III, 382.
Drey, III, 419, 432.
Dringenberg, III, 10.
Droit canonique, I, 19, 242. — Collections, 242 ; II, 154, 162, 278.
Droit et fait, distinction célèbre, III, 244.
Droste-Hülshoff, III, 415, 450.
Droste-Hülshoff (Annette de), III, 460.
Droste-Vischering, III, 321, 340.
Druffel (de), III, 446.
Druses, III, 501.
Druthmar (Christian), II, 214.
Du Bellay (Jean), évêque de Paris, III, 125.
Dublin (Université de), III, 367.
Dubois. Ses écrits de théologie pastorale, III, 441.

Duc (Fronton le), III, 263.
Du Cange, III, 263.
Ducas Murzuphle, II, 291.
Duccio, II, 499.
Duchesne (M. l'abbé), I, 183, 478 ; III, 433, 448, 454.
Duchohorzes, III, 300.
Duel, II, 192.
Dufaure, III, 331 et s.
Dufay, II, 501.
Du Hamel, S. J., III, 195.
Du Hamel, de l'Oratoire, III, 266.
Dulcino, II, 352.
Dumas (Alexandre), III, 329.
Dumont (Mgr), III, 365.
Dumortier, III, 448.
Dunaan, persécuteur, I, 446.
Dungal, II, 202.
Dunin (Mgr Martin de), III, 340.
Duns Scot, V. Jean.
Dunstan (Saint), II, 191, 195.
Dupanloup, III, 329. 331, 382, 384, 386, 390, 436 et s., 442 et s.
Du Perron (Cardinal), III, 134, 198.
Dupin (Ellies), III, 263.
Du Pont (Louis), III, 202.
Durand (Guillaume) l'Ancien, I, 17 ; II, 376.
Durand (Guillaume) le Jeune, II, 348, 458.
Durand de Saint-Pourçain, II, 474.
Durand (Dom), III, 263.
Durante, musicien, III, 281.
Dürer (Albert), III, 210, 217.
Durlach (Assemblée de), III, 343.
Dursch, III, 449.
Düsseldorf (Ecole de), III, 456.
Dutillet, II, 89.
Dutripon, III, 436.
Duvoisin, évêque de Nantes, III, 321 et s.
Du Vergier de Hauranne, III, 242.
Düx, III, 445.
Dyck (van), III, 217.

E

Eadbald, II, 28.
Eau (Épreuve de l'), V. *Ordalies*.
Eau bénite, I, 366.
Ebbon de Reims, II, 178.
Ebed-Jesu, II, 308.
Eberhard (Mgr), III, 355 et s., 444.
Ebert, III, 497.
Ebionites, I, 105, 165.
Ebner (Christine et Marguerite), II, 486, 489.
Eboracum, V. *York*.
Ebrard, I, 45; II, 25, 32, 47; III, 466, 486, 494, 496.
Eccard (Jean), III, 117.
Ecclesiola in Ecclesia, III, 282.
Echternach. Couvent, II, 41. — Procession dansante, 443; III, 411.
Eck (Jean) d'Ingolstadt, III, 37-41, 70, 194, 200.
Eck (Jean) de Trèves, III, 43, 194.
Eckart (Maître), II, 320, 484.
Eclectisme dans l'art, III, 210, 276.
École catéchétique d'Alexandrie, I, 215.
 — Écoles les plus célèbres de l'antiquité chrétienne, 312. — École palatine, II, 97. — Écoles royales, épiscopales, claustrales, populaires, du moyen âge, 97, 190, 329, 437, 451. — Premières écoles de Paris et de Londres, 329.
Écoles. Frères des — chrétiennes, III, 161, 253. — Sœurs des —, 408.
Ecossais (Couvents), II, 44 et s., 201.
Ecosse. Conversion, II, 24, 27, 182. —Réforme protestante, III, 94. —État présent du catholicisme, 369; — du protestantisme, 469.
Ecriture sainte. Lecture liturgique, I, 343.
Ecthèse, I, 287.
Edesse. Etablissement du christianisme, I, 74, 93, 113. — Ecole d'—, 219, 412. — Principauté, II, 286 et s.
Edouard Ier d'Angleterre, II, 267 et s.

Edouard III, II, 465.
Edouard VI, III, 89.
Education divine du genre humain, I, 47.
Edwin, II, 28.
Egbert de Trèves, II, 196, 239.
Egede, III, 293.
Eginhard, II, 103.
Église. Définition, I, 1. — Ses noms, 3.
Église (Histoire de l'), V. *Histoire*.
Église (États de l'). Origine, II, 66.
Église (l') et l'État, V. *État*. L'Église et la société au moyen âge, II, 322.
Églises. Leur ordonnance, I, 205, 380, 435; II, 183, 237, 496. — Mobilier, I, 380. — Visite, II, 61.
Egmont (d'), III, 88.
Egypte. Délégation apostolique, III, 396.
Ehrler (Mgr), III, 444.
Ehrlich, III, 362, 432, 436.
Eichendorff, III, 339, 460.
Eichhorn (Godefroy), III, 307, 497.
Eidgenossen, III, 96.
Einsiedeln, V. *Ermites (N.-D. des)*. — Traité (1533), III, 71.
Eisenmenger (J.-A.), III, 292.
Ejub, II, 294.
Ekbert de Schœnau, II, 347.
Ekkehard, I, 38.
Elcésaïtes, I, 146.
Élection des clercs, I, 175, 312, 363.
Éleuthère (Saint), pape, I, 183.
Élie de Cortone, II, 343 et s.
Élipand, II, 94.
Élisabeth d'Angleterre, III, 89, 91 et s., 94 et s.
Élisabeth de Brandebourg, III, 61.
Élisabeth de Calenberg, III, 66.
Élisabeth (Sainte) de Hongrie, II, 326. — Société de —, III, 344, 407.
Élisabeth (Sainte) de Schœnau, II, 347.
Ellies du Pin, V. *Dupin*.
Elliot, III, 293.
Éloge de la Folie, par Érasme, III, 13.
Éloi (Saint), II, 41.
Éloy, II, 501.
Eltz (Jacques d'), III, 151

Elvire. Concile, I, 178.
Elxaï, I, 146, 160.
Elzéar de Sabran (Saint), II, 481.
Émaillure, II, 239, 385.
Émanation, I, 150.
Émancipation (Bill d'), III, 367.
Émery (M.), III, 309, 310, 315.
Éminence, II, 277; III, 137.
Emmeran (Saint), II, 38.
Emmerich (Catherine), III, 411.
Empire franc, II, 107 et s.
Empirisme philosophique, III, 301.
Ems (Punctation d'), III, 230.
Emser (Jérôme), III, 39, 195.
Encens adopté par l'Église, I, 366.
Encratites, I, 157, 209.
Encyclopédies théologiques, catholiques, III, 454; — protestantes, 498.
Encyclopédistes, III, 304.
Endura, II, 355.
Énée de Gaza. Ses tendances syncrétistes, I, 240, 405.
Enfants. Baptême, I, 190; II, 185. — Communion, I, 359.
Enfants (Croisade des), II, 292.
Enfants du libre esprit, II, 353.
Enfants sans souci, II, 503.
Enfants du Soleil, II, 90.
Enfantin (le P.), III, 505.
Engelbert d'Admont, II, 401.
Engelhardt, I, 43.
Engelthal, couvent, II, 489.
Εγκαίνια, I, 366.
Enluminure, II, 238, 386, 498; III, 216.
Ennen, III, 445.
Enzio, II, 260, 262.
Eon de Loudéac, hérétique, II, 352.
Eons, I, 145, 152.
Epaon. Concile (517), qui achève la conversion des Burgondes, II, 18.
Éphèse, Concile (431), I, 270. — Brigandage (449), 273.
Ephrem (Saint), I, 413, 427.
Epiclesis, II, 508.
Épigraphie, I, 18, 24. — Cf. Inscriptions.
Épiphane (Saint), I, 264 et s., 404, 427.
Épiphanie, I, 377.

Épiscopal (Système), III, 105.
Épiscopalienne (Église), III, 91.
Épiscopat, I, 176.
Episcopi puerorum, II, 324.
Epistolæ virorum obscurorum, III, 11.
Épistolaire (Style) au moyen âge, II, 378.
Époques et périodes de l'histoire de l'Église, I, 12.
Épreuves, V. Ordalies.
Érasme (Saint), I, 138.
Érasme de Rotterdam, III, 12, 46, 49, 195.
Érès, I, 27.
Erfurt. Université, III, 9. — Conférence (1860), 480.
Éric l'Ancien, de Danemark, II, 180.
Éric ix le Saint, de Suède, II, 181, 304.
Éric xiv, III, 83.
Éric le Rouge, II, 182.
Érigène (Jean Scot), V. Scot.
Ermites (N.-D des), II, 81.
Ermland, V. Warmie.
Ermoldus Nigellus, II, 242.
Ernest de Lunebourg, III, 53.
Ernest de Bavière, III, 78.
Ernest le Confesseur, de Brunswick, III, 60.
Ernest le Pieux, III, 288.
Ernest de Hesse, III, 293.
Ernesti, III, 306.
Ertenki Mani, ou Evangile de Manès, I, 159.
Esch (Jean), III, 61.
Eschenmayer, III, 485.
Eschiniens, I, 196.
Esclavage, I, 314; II, 55, 75.
Escurial, couvent d'Hiéronymites, II, 449; III, 275.
Esnig, I, 153, 443.
Espagne. Prédication de l'Evangile, I, 112, 114. — Conversion des Visigoths, II, 15. — Sous les Arabes, 280. — Inquisition, 360; III, 100, 153. — Réforme protestante au xvie siècle et aujourd'hui, 100, 475. — État du catholicisme, 369.
Espen (Van), III, 277, 271.

Ess, III, 436.
Essayiste (École), III, 468.
Essays and Reviews, III, 469.
Esséniens, I, 50, 103.
Esser, III, 415.
Essex. Évangélisation, II, 24.
Esthonie, II, 302, 304.
Estienne, famille d'Hellénistes, III, 14.
Estius, III, 197.
Estouteville (Cardinal d'), II, 459.
Étaples (Lefèvre d'), III, 14, 195.
État (Église d') dans l'Empire romain, I, 240. — L'Église et l'État dans l'Empire franc, chez les nations germaniques, II, 53, 107 et s., 245 et s.
Ethelberge, II, 25.
Ethelbert, II, 24, 28.
Ethérius d'Osma, II, 94.
Éthiopie. Conversion, V. *Abyssinie*.
Étienne (Saint) Iᵉʳ, pape, I, 134, 184, 191.
Étienne II, II, 66.
Étienne II ou III, II, 66, 69.
Étienne III ou IV, II, 66, 69, 86.
Étienne IV ou V, II, 110.
Étienne V ou VI, II, 118.
Étienne VI ou VII, II, 119, 202.
Étienne VII ou VIII, II, 120.
Étienne VIII ou IX, II, 121.
Étienne IX ou X, II, 132.
Étienne (Saint) de Hongrie, II, 174.
Étienne (Saint), protomartyr, I, 77.
Étienne (Maître) de Cologne, II, 499.
Étienne de Sunik, II, 309.
Étienne de Thiers, II, 198.
Étienne de Vendôme, II, 292.
Étoile (Voûte *en*), II, 495.
Étole (droits d'), II, 331.
Etrier tenu au pape par les princes, II, 274.
Etschmiadzin (Couvent d'), II, 309.
Études religieuses (les) des Pères Jésuites, III, 410, 453.
Eucharistie. Présence réelle enseignée par les plus anciens Pères, I, 197. — Jeûne eucharistique, etc., 358 et s.; II, 186. — Centre du culte, 316. — Controverse eucharistique au

IXᵉ siècle, 204 et s.; — au XIᵉ siècle, 208 et s.; — chez les Protestants, III, 64, 80. — Cf. *Sacrifice*.
Eucher (Saint) de Lyon, I, 136, 423, 431.
Euchites, I, 240, 395; II, 211.
Euchrotia, I, 400.
Eudes (Jean), III, 405.
Eudistes, III, 148.
Eudocie, I, 276, 440.
Eudoxie, I, 265 et s.
Eudon, v. *Éon*.
Eugène (Saint) de Carthage, II, 17.
Eugène Iᵉʳ, pape, II, 64.
Eugène II, II, 111.
Eugène III, II, 247.
Eugène IV, II, 423, 507, 509, 511.
Eugène, empereur, I, 237.
Eugippius, II, 19, 105.
Eulalie (*Cantilène de Sainte*), II, 241, 389.
Eulogies, I, 343.
Eulogius (Saint) de Cordoue, II, 282.
Eunape, I, 238.
Eunomius, I, 256.
Euphémites, I, 240.
Euphratès de Cologne, I, 255.
Euric, II, 15.
Eusèbe (Saint), pape, I, 18.
Eusèbe (Saint) de Verceil, I, 392.
Eusèbe de Césarée, I, 31, 36, 239, 249, 252, 406.
Eusèbe de Nicomédie, I, 250 et s.
Eusèbe de Dorylée, I, 270, 272.
Eusébiens, I, 251.
Eustasius, II, 37.
Eustathe d'Antioche, I, 252.
Eustathe de Sébaste, I, 313, 396.
Eustathe de Thessalonique, II, 393.
Eustathiens, I, 396.
Euthalius, I, 344.
Euthymius Zygabenus, II, 232.
Eutychès, I, 272.
Eutychius, I, 32.
Évagre, I, 31, 411.
Evangelium æternum, II, 350.
Évangiles, I, 102.
Évangiles apocryphes, I, 75, 103.
Évariste (Saint), pape, I, 183.

Évelt, III, 445.

Évêques, I, 174 ; II, 327 ; III, 142, 144.
— Élection des évêques, II, 54, 58, 61, 134, 272, 277. — Confirmation de l'élection, réservée au pape, 274.

Évêques *in partibus*, II, 278.

Évêques chez les protestants, III, 83 et s.

Ewald le Blanc et Ewald le Noir, II, 48.

Ewald (H.), III, 492-94.

Exaltation de la Croix, I, 373.

Exceptores, I, 310.

Excommunication, I, 361 ; II, 333.

Exercitium religionis, III, 106.

'Εξομολόγησις, I, 189.

Exorcistes, I, 176.

Exoucontiens, I, 256.

Expectatives, II, 399.

Extatiques contemporaines, III, 411.

Extravagantes, II, 279.

Eyck (Les frères van), II, 499 ; III, 216.

Eymerich (Nicolas), II, 359.

Eysengrein, III, 200.

F

Faber (Jean), III, 200.

Faber, de Constance, III, 70.

Faber, de l'Oratoire, III, 368, 443 et s.

Fabien (Saint), pape, I, 133, 184.

Fabliaux, II, 323.

Fabre d'Envieu, III, 428, 436.

Fabretti, III, 269.

Facultés (Les quatre), II, 330.

Facultés de théologie chez les Protestants, III, 105, 287. — La théologie admise dans l'enseignement académique en Allemagne, 341. — Facultés de théologie catholiques, 431.

Facundus d'Hermiane, I, 281.

Fagius, III, 90.

Fagnani, III, 270.

Falloux (de), III, 328.

Famille de la Charité, secte, III, 121.

Farci (cantique), II, 503.

Farel, III, 78, 96.

Farnèse (les), III, 236.

Farnèse (Alexandre), III, 88.

Farnèse (Alexandre), V. *Paul III*.

Faugues (Vincent), II, 501.

Faulfisch (Nicolas), II, 466.

Fauste, abbé de Lérins, puis évêque de Riez, I, 308 et s., 422.

Fauste de Milève, I, 161.

Faustin et Marcellin, I, 262.

Febronius, III, 228.

Fédérale (Théologie), III, 292

Feilmoser, III, 432.

Felbiger, III, 441.

Feldkirch (Barthélemy), III, 35.

Félicissime (Schisme de), I, 186.

Félicité (Sainte) Romaine, I, 127.

Félicité (Sainte) d'Afrique, I, 128.

Félix I (Saint), pape, I, 184.

Félix (Saint), I, 262, 328.

Félix II ou III (Saint), I, 329.

Félix IV (Saint), I, 330.

Félix V, antipape, II, 426 et s., 431.

Félix (Saint) de Nole, I, 133.

Félix d'Aptonge, I, 334 et s.

Félix d'Urgel, II, 94.

Félix, S. J., III, 410, 437, 442.

Femme chrétienne. Portrait, I, 385.

Fénelon, III, 99, 248, 266.

Féo, III, 280.

Ferdinand Ier, empereur, III, 49.

Ferdinand II, III, 176.

Ferdinand III, III, 178.

Ferdinand Ier d'Autriche, III, 361.

Ferdinand III de Castille, II, 281.

Ferdinand d'Aragon, II, 281.

Ferdinand de Saxe-Cobourg, III, 371.

Ferdinand Ier de Toscane, III, 130.

Ferdinand VII d'Espagne, III, 369.

Feria, I, 202, 376.

Féroë (Iles). Conversion, II, 182.

Ferrante, III, 451.

Ferrare. Concile (1438), II, 425, 507.

Ferrario, III, 447.

Ferry (Jules), III, 332 et s.

Fesch (Cardinal), III, 321.

Fessler, III, 362, 437, 449.

Fêtes ecclésiastiques, I, 200, 376 ; II, 188, 318, 432 ; III, 403 et s.

Fétis, III, 462.

Feuerbach (Louis), III, 486, 504.

Feuillants (les), III, 147.
Fiala (Mgr), III, 364, 446.
Fichte, III, 483 et s..
Ficin (Marsile), III, 7.
Fidèle (Saint) de Sigmaringen, III, 155.
Fiefs, II, 55.
Filioque, II, 93, 104, 508.
Filles de la Charité (les), III, 148, 161 et s., 408.
Finetti, S. J., III, 443.
Finlande. Conversion, II, 303.
Firmian de Salzbourg, III, 294.
Firmicus Maternus, I, 239, 427.
Firmilien de Césarée, I, 191.
Fisher, de Rochester, III, 89, 125, 194.
Fistula eucharistica, II, 186.
Flacius Illyricus, III, 108, 117.
Flagellants, II, 441, 502.
Flamande (Ecole) de peinture, II, 499; III, 216; — de miniature, II, 498.
Flaminio, III, 101.
Flandrin (Hippolyte), III, 457.
Flatz, III, 455.
Flavien (Saint) d'Antioche, I, 261, 396.
Flavien (Saint) de Constantinople, I, 272 et s.
Flaviens. Le Christianisme au temps des —, I, 124 et s.
Flavius Josèphe, I, 74.
Fléchier, III, 268.
Flemming, III, 279.
Fletscher, III, 284.
Fleurtis ou *Fioritures*, II, 387.
Fleury, historien, I, 34; III, 226. — Son inintelligence des choses du moyen âge, II, 72.
Fliedner, III, 475.
Flodoard de Reims, I, 32, 38; II, 218.
Florence. Interdit (1375), II, 408. — Nouvel interdit (1478), III, 21. — Ecole de peinture, II, 499; III, 214. — Cathédrale, II, 498.
Florencourt (de), III, 438, 481.
Florent (Saint), en Corse, a fourni la plus ancienne cloche datée, II, 185.
Florentini (P. Théodose), III, 364, 407.
Florez, I, 40; III, 271.
Florian (Saint), II, 18.

Florus Magister, II, 205, 207, 216.
Floss, III, 431, 445.
Flotte (Pierre), II, 269.
Fludd (Robert), III, 121.
Flue (Le B. Nicolas de), II, 482, 484.
Fly. Eglise Saint-Germer, II, 381.
Flysteden, III, 61.
Fœrster (le prince-évêque), III, 355, 386, 444.
Foi (la) et la raison, I, 245.
Folengo, III, 101.
Fonctions ecclésiastiques nouvelles de la troisième période, I, 310.
Fonds de coupe historiés, I, 228.
Fonds d'or dans les tableaux du moyen âge, II, 499.
Fonseca, III, 203.
Fontainebleau (Prétendu concordat de), III, 322.
Fontevrault (Ordre de), II, 198.
Force (la) au service de la vérité; conversions violentes, I, 241 et s.; II, 11, 34, 48.
Forcheim. Diète (1070), II, 140.
Formatæ, II, 186.
Forme. *Anima rationalis est forma corporis*, II, 398, 416.
Formose, pape, II, 118 et s.
Formula consensus Helvetici, III, 291.
Formulaire de prières du 1er siècle, I, 200.
Formule de Concorde, III, 110.
Fossores, I, 176, 311.
Fouard (M. l'abbé), I, 72, 452.
Foulques d'Anjou, II, 287.
Foulques de Neuilly, II, 320.
Fouquet (Jean), de Tours, III, 216.
Fourier (Le B. Pierre), III, 148, 156.
Fourier, socialiste, III, 505.
Fournier (Paul), II, 160.
Fous (Fêtes des), II, 324.
Fox, III, 467.
FRANCE. Pour la 1re époque, V. *Gaule*. *Quatrième période, du ve au ixe siècle.* Conversion de Clovis, II, 21. — Importance et signification réelle de cet événement, 12, 23. Cf. *Clovis*. — Rapports de l'État et de l'Église

dans l'empire franc, 53. — Invasion des biens ecclésiastiques sous Charles-Martel, 59. — Le pape Etienne II en France, 67. — Fondation des États de l'Église par Pépin et Charlemagne, 68 et s. — Saint Benoît d'Aniane réforme les monastères, 81. — Attitude de l'épiscopat dans les controverses relatives aux images, 88, 201. — Charlemagne ranime la vie littéraire, 96-98, 101 et s.

Cinquième période, 800-1122. Restauration de l'empire d'Occident, II, 70, 107 et s. — Démêlés d'Hincmar avec les papes, 151 et s. — Rome intervient énergiquement dans l'affaire du siège de Reims, 154. — Les décrets de réforme de Grégoire VII promptement reçus en France, 149. — Affaire du divorce de Philippe Ier, 149. — Controverse eucharistique du IXe siècle, 204 et s.; — du XIe siècle, 208. — Gottschalk, 205. — Les associations de paix, *Paix de Dieu, Trève de Dieu*, apparues après l'an 1000, prennent une vaste extension, 191. — « Les évêques ont fait la France, » 194. — Prélats réformateurs, 195. — Institution des chanoines, 82. — La France voit naître les premières *congrégations* religieuses : Cluny, Grammont, Fontevrault, les Chartreux, 197-199. — Églises remarquables du XIe siècle, 237. — Premier essor du drame spirituel, 241. — Cantilène et autres poésies en langue vulgaire, 241.

Sixième période, 1122-1305. Affaire du divorce de Philippe-Auguste : excommunication et interdit, II, 257. — Prétendue *Pragmatique Sanction* de saint Louis, 264. — Démêlés de Philippe le Bel avec Boniface VIII, 267-71. — Croisades, v. cet article. — Les *Pastouraux*, 295, 311. — La prédication au XIIIe siècle, 320. — Université de Paris, 330 et s. — Cîteaux, saint Bernard, Clairvaux,

337. — Trinitaires, 339. — L'hérésie albigeoise, 353. — Les Vaudois, 356. — L'Inquisition, 359. — Historiens et chroniqueurs, 377. — De l'Île de France, son berceau, l'architecture ogivale se répand dans tout le Nord de la France et de l'Europe, 380 et s. — L'influence du style italien lui dispute le pays d'outre-Loire, 382. — Chefs-d'œuvre gothiques de l'époque, 383. — Langueur de la poésie religieuse nationale, 390.

Septième période, 1305-1453. Séjour des papes à Avignon ; sept papes français, II, 395-409. — Concile œcuménique de Vienne (1311-12); affaire des Templiers, 299, 399. — Bataille de Crécy (1346), 405. — Traité de Brétigny (1360), 406. — Retour de la *Peste noire* (1361), 406. — Les *Routiers*, 407. — Grand schisme : papes d'Avignon, 410. — La France reconnaît Clément VII, 411, — et Benoît XIII, 412, — malgré le parti de la paix, 412; — abandonne (1398), puis reprend (1402) l'obédience du pape d'Avignon, 413, — se déclare neutre (1408), 413. — *Pragmatique sanction de Bourges* (1438), 426. — L'intervention de la France met fin au schisme de Bâle (1449), 431. — La prédication sèche et triviale, mais courageuse, 434. — État moral; les Malandrins, 440. — La *Pucelle d'Orléans*, 441. — Mouvement de réforme catholique : Gerson, etc., 446, 458. — Décadence de l'architecture, apogée de la sculpture gothique, 496.

Huitième période, 1453-1648. L'humanisme en France, III, 14. — Expéditions en Italie, de Charles VIII, 23; — de Louis XII, 24; — de François Ier, Marignan, Pavie, 25, 54. — Concordat de Bologne (1516), 26. — Ligue de Cognac (1526), 54. — Traité de Cambrai (1529), 55. — Négociations de François Ier avec

les Protestants allemands (1529), 57, — (1531), 59, — (1541), 73. — Alliance franco-turque (1534-1552), 63. Calvin, 78. — La Réforme en France, 96. — Guerres de religion, 97. — Henri IV; édit de Nantes (1594), 98. — Prise de la Rochelle (1628), 99. — Retrait de l'édit de Nantes (1685), 99, 226.

Le concile de Trente n'est pas promulgué officiellement par les pouvoirs publics; mais les conciles provinciaux en adoptent la discipline, 146, — qui produit pendant cinquante ans une merveilleuse floraison de vie chrétienne, 147, — par la renaissance et la réforme des institutions religieuses: Feuillants, 147, — Congrégations bénédictines de Saint-Vannes, 147, 157, — et de Saint-Maur, 147, 157, — Port-Royal, 147, — Réforme des Augustins, 148, — Récollets, Capucins, Frères de la Charité, Carmélites de Sainte-Thérèse, 148, 160, — Visitation, 148, 160, — Congrégations à vœux simples ou sans vœux : Oratoire, 148, 157, — Sulpiciens, M. Olier, 148, 201, 308, — Eudistes, 148, — Lazaristes, 148, 159, — Filles de la Charité, Ursulines, 148, 161, — Pères de la doctrine chrétienne, 161. — Nombre de saints évêques, 148 et s. — École de controverse inaugurée par le cardinal du Perron, 149. — La prédication s'épure ; prédicateurs, 149, 201. — Les Jésuites pénètrent en France et s'y maintiennent non sans peine, 148, 168.

Théologiens, 193. — Exégètes, 197. — Pierre de Marca, Edmond Richer et leur ultra-gallicanisme, 198. — Les États généraux de 1614 et le pouvoir des papes sur le temporel, 134, 225. — Architecture, 211. — Sculpture, 213. — Peinture, 216. — Poésie, Corneille, 221.

Part de la France à la guerre de Trente ans, 174 et s., 177 et s.

Neuvième période, 1648-1789. Louis XIV; son despotisme, III, 224. — Il saisit Avignon, 233 et s., — Impose au pape l'humiliant traité de Pise (1664), 233. — Gallicanisme, 224. — La régale, 225. — Assemblée du clergé (1682), 225. — Les *Quatre propositions* ou *Déclaration du clergé de France*, 226. — Innocent XI et Alexandre VIII cassent la *Déclaration*, 226. — Louis XIV emprisonne le nonce, 226. — Désavoue son édit dans une lettre à Innocent XII ; l'entente se rétablit, 227.

Le Jansénisme, 241. — L'abbé de Saint-Cyran, 242. — L'*Augustinus*, 243. — Condamnation des cinq propositions (1653), 243. — Distinction du *fait* et du *droit*, 244. — Les *Provinciales*, 244. — Le *Formulaire* d'Alexandre VII, 244. — Le *Silence respectueux*, 244. — La paix de Clément IX, 244. — Le *Cas de conscience*, 244. — *Réflexions morales* du P. Quesnel, 245. — La bulle *Unigenitus*, 245. — Les *Appelants*, 245. — Les Convulsionnaires, 246.

Le quiétisme : Mme Guyon, Fénelon, les *Maximes des Saints*, 247 et s. Frères des écoles chrétiennes, 253. — Trappistes, 253. — Suppression des Jésuites, 239, 256. — Commission des Réguliers, 260.

La France tient le sceptre de la Théologie, I, VIII; III, 262. — Elle est le berceau de la théologie historique, I, VIII; III, 265. — La science sacrée choisit pour principal interprète l'idiome national, 262. — Patrologie cultivée surtout par les Bénédictins de Saint-Maur, 262. — Etudes bibliques, 263 — Histoire de l'Église, 264. — Petau et Thomassin, 265. — Bossuet, 265. — Fénelon, 266. — Malebranche, 267. — Port-Royal, 267. — La Chaire française, 262, 267. — Saint-Sulpice, 308. — Le clergé, 309.

Style *rococo*, 275. — Poésie chrétienne, 277.

Le déisme fait en France de rapides progrès, 305. — J.-J. Rousseau, 303. — Voltaire, 304.

Dixième période, depuis 1789. Révolution, III, 311. — Assemblée nationale constituante, 313. — Confiscation des biens ecclésiastiques, 314. — Constitution civile du clergé; serment exigé, 314. — Massacres de septembre (1792), 314. — Convention nationale, 315. — La déesse Raison, 315. — Robespierre fait décréter l'existence de l'Être suprème, 315. — Légère détente après la mort de Robespierre, 315. — Sous le Directoire l'ère des persécutions fermée *pendant onze jours*, 316.

Concordat entre Pie VII et Bonaparte, premier consul (1801), 316. — Analyse de ce traité, 317. — Articles organiques, 318. — Napoléon empereur (1804), sacré par Pie VII, 319. — Affaire du mariage de Jérôme Bonaparte, 319. — Occupation de Rome, 320. — Pie VII lance l'excommunication, 320. — Est arrêté et conduit à Savone, 320. — Divorce de l'empereur, 320. — Concile national (1811), 321. — Évêques emprisonnés, 321. — Pie VII ratifie le décret relatif à l'institution des évêques, 322. — Est transféré à Fontainebleau, 322. — Articles préliminaires du Concordat de Fontainebleau, 322. — Retour du pape à Savone, 323, — à Rome, 323.

Restauration (1814-30), 324. — Concordat de 1817, rejeté par les Chambres, 324. — Chateaubriand, Bonald, de Maistre, Lamennais, 324. — Retour des passions antireligieuses, 325. — Révolution de 1830, 325.

Gouvernement de juillet (1830-48), 325. — L'*Avenir*, Montalembert, Lacordaire, 325. — Grégoire XVI condamne l'*Avenir*, 326. — Chute de Lamennais, 326. — Ozanam, Société de Saint-Vincent-de-Paul (1833), 326. — Conférences de Notre-Dame, 327.

République de 1848, 328. — Journées de juin, 328. — Liberté d'enseignement, 328.

Le second Empire, 328. — Dislocation du parti catholique, 329. — L'*Univers*, 329. — Expédition d'Italie (1859), 329.

Troisième République (1870), 331. — Désastres de 1870, 330 et s. — Commune, 331. — L'Assemblée nationale accorde la liberté de l'enseignement supérieur, 331. — Lois et décrets Ferry contre les Congrégations religieuses, 332.

Francfort. Concile (794), II, 90, 94. — Diète (1442), 428. — *Délai de* —, III, 66.

Franck (Sébastien), III, 120.

Francke (A.-H.), III, 290.

Francia (François), III, 214.

Franciscains, II, 341.

François (Saint) d'Assise, II, 293, 306, 341, 389.

François (Saint) Borgia, V. *Borgia*.

François (Saint) Caraccioli, III, 159.

François (Saint) de Paule, II, 449 ; III, 158.

François (Saint) Régis, III, 155.

François (Saint) de Sales, III, 147, 155, 160, 201.

François (Saint) Xavier, III, 164, 171, 182.

François Ier de France, III, 14, 25, 96.

François II, III, 96.

François Ier d'Autriche, III, 361.

François-Joseph Ier, III, 361.

Françoise (Sainte) Romaine, II, 448.

Françoise (Sainte Jeanne-) de Chantal, III, 160.

Francon de Cologne, II, 387.

Franconienne (Ecole) de sculpture, III, 213. — De peinture, II, 499 ; III, 217.

Franconiens. Prédication de l'Évangile, II, 39.

Francs. Leur conversion, II, 21. —

Francs Ripuaires, II, 40. Cf. *Franconiens.*

Francs-maçons, III, 308.

Franeker. Ecole théologique, III, 293.

Frankenberg (Cardinal), III, 230.

Fransoni (Mgr), III, 372.

Franz, III, 441.

Franzelin, S. J., III, 410, 429.

Fraticelles, II, 344, 349.

Fraxinet (Château de), en Provence, longtemps occupé par les Sarrasins, II, 282.

Frayssinous (de), III, 324, 442.

Frédégaire, II, 102.

Frédégise, II, 215.

Frédéric 1er Barberousse, II, 248-52, 289, 358, 435. — Légende italienne, 251, 455.

Frédéric II, II, 254 et s., 258 et s., 293, 359.

Frédéric III, II, 428, 431.

Frédéric d'Autriche, compétiteur de Louis de Bavière, II, 400, 402.

Frédéric d'Autriche, II, 418.

Frédéric-Auguste le Fort, de Saxe, III, 295.

Frédéric de Souabe, II, 289.

Frédéric III, du Palatinat, III, 106.

Frédéric v, III, 176.

Frédéric 1er, de Danemark, III, 53, 84.

Frédéric de Brandebourg, II, 418.

Frédéric-Guillaume de Brandebourg, III, 107.

Frédéric 1er, de Prusse, III, 235.

Frédéric II, III, 260, 306, 464.

Frédéric-Guillaume II, III, 464.

Frédéric-Guillaume III, III, 464.

Frédéric-Guillaume IV, III, 440, 465.

Frédéric de Bade, III, 361.

Fregoso (Frédéric), de Salerne, III, 125.

Frékulf, II, 214.

Freppel (Mgr), III, 433, 437.

Frère-Orban, III, 365.

Frères de la Charité, III, 148, 161.

Frères de la Vie commune (de Groot), II, 450.

Frères de la Vie commune (de Holzhauser), III, 159.

Frères des écoles chrétiennes, III, 148, 161, 258.

Frères mineurs, V. *Franciscains.*

Frères prêcheurs, V. *Dominicains.*

Frères de Ploërmel, III, 409.

Freycinet (de), III, 333.

Friedberg, III, 497.

Friedlieb, III, 432, 436.

Friedrich, III, 346, 432, 445.

Fries, III, 484.

Frint (Mgr), III, 362, 436.

Frisons. Leur conversion, II, 41, 43, 46.

Frithiger, II, 13.

Fritzlar, II, 44.

Frizon (Pierre), III, 195.

Froben, III, 13.

Frohschammer, III, 421.

Fronton (Cornélius), I, 141.

Fructuosus (Saint), I, 134.

Fructuosus de Braga, II, 80.

Frumentius, I, 445.

Fuchs, III, 440.

Fugue, II, 501.

Führich, III, 455.

Fulbert (Saint) de Chartres, II, 195, 209.

Fulda. Abbaye, II, 45; III, 151.

Fulgence (Saint) de Ruspe, I, 309, 424; II, 17.

Fulgence d'Astigi, II, 15.

Fulgence Ferrand, I, 243, 281, 424.

Fullerton (Lady), III, 461.

Funk, III, 432, 445.

Fürstenberg (M.r de), III, 337.

Futurs conditionnels (Science des), III, 203, 207.

G

Gaddi (Taddeo), II, 499.

Gaertner, III, 458.

Gaëtan (Saint) de Thienne, III, 156.

Gagarin, S. J., III, 438.

Gailhabaud, III, 448.

Galante, III, 433, 447.

Galérius, I, 135, 138 et s.

Galice (Royaume de), II, 280.

Galilée, III, 137.

Gall (Saint), II, 35.

Gall (Saint-), couvent, II, 35.

Gall (Canton de Saint-). Réforme, III, 70.

Galland, Oratorien, III, 156.

Galland, III, 446.

Galles (Pays de), refuge des Bretons, II, 24.

Gallicanisme, III, 224.

Gallien, empereur, I, 134.

Gallitzin (Princesse Amélie de), III, 337.

Gallura, III, 441.

Gallus, empereur, I, 133.

Gamaléon, II, 456.

Gambetta, III, 332 et s.

Gams, III, 445.

Ganganelli, V. *Clément* xiv.

Gardar, dans le Groënland, siège épiscopal au moyen âge, II, 182.

Garibaldi, III, 381.

Garnet, S. J., III, 170.

Garnier (Dom), III, 263.

Garrucci, S. J., III, 410, 431, 447.

Garve, III, 306.

Gasparin (de), III, 472.

Gassner, III, 440.

Gaudry, III, 451.

Gaule. Question de l'apostolicité des Églises des Gaules, I, 114. — Mission des sept évêques, 113. — Saint Denys, premier évêque de Paris, 114. — Apostolat de sainte Marie-Madeleine, de sainte Marthe et de saint Lazare en Provence, 114. — La foi chrétienne se répandit en Gaule par la vallée du Rhône, 112. — Ses débuts y sont très anciens, 114 et s. — Les martyrs de Lyon, 127. — Saint Irénée, 128, 215. — Guerre des Bagaudes et massacre de la légion thébéenne, 136. — Constance Chlore empêche la persécution sanglante, 138. — Origines monastiques: Ligugé, Marmoutier, Lérins, Saint-Victor, 392. — Le Midi de la Gaule longtemps le foyer du semi-pélagianisme, 306, — triomphe enfin de cette erreur, 309. — Ecole de Marseille, 307, 422. — Altitude des évêques gaulois dans l'affaire des Trois-Chapitres, 281, 283 — Les poètes latins de la Gaule, 441. — Liturgie gallicane, 344, 353. — Tableau de l'Église des Gaules, d'après les inscriptions, II, 76.

Gault (Jean-Baptiste), de l'Oratoire, évêque de Marseille, III, 149.

Gaume (Mgr), III, 439, 441.

Gaunilon, II, 227.

Gauthier de Châtillon, II, 378.

Gauthier Map, II, 348, 378.

Gauthier de Mortagne, II, 364.

Gauthier Sans-Avoir, II, 286.

Gauthier de Saint-Victor, II, 371.

Gauthier de Vogelweide, II, 323, 389.

Gay (Mgr), évêque d'Anthédon, III, 444.

Gazzaniga, III, 271.

Gebhard (Saint) de Constance, II, 196.

Gebhard d'Eichstaedt, II, 131.

Gebhard de Cologne, III, 77.

Gédimin, II, 304.

Geiler de Kaisersberg, III, 30.

Geishüttner, III, 439.

Geissel (Mgr Jean de), III, 341, 460, 443.

Gélase Ier, I, 329.

Gélase ii, II, 146.

Gélimer, II, 17.

Gémiste Pléthon, II, 514 ; III, 5.

Gener, III, 271.

Généralianisme, III, 421.

Genève. Réforme, III, 78 et s. — Situation présente, 362, 472.

Gengenbach, III, 31.

Gengiskhan, II, 308.

Gennade de Marseille, I, 429.

Gennade de Constantinople, II, 510.

Genséric, II, 16.

Gentile (Valentin), III, 120.

Gentile da Fabriano, II, 500.

Gentilly. Concile (767), II, 88, 93.

Genuflectentes, I, 190.

Génuflexion, I, 349 et s.

Géographie, I, 30.

Georgel, III, 172.

Georges (Saint), I, 138.

Georges Acropolite, II, 393.
Georges de Chypre, III, 393.
Georges Codinos, II, 513.
Georges Hamartole, I, 31.
Georges Métochita, II, 393.
Georges Phranza, II, 513.
Georges de Pisidie, I, 440.
Georges Podiebrad, II, 462, 470.
Georges de Saxe, III, 38, 66.
Georges de Trébizonde, II, 514; III, 5.
Gérard di Borgo S. Domino, II, 351.
Gerbert, II, 125 et s., 154, 218.
Gerbert (Martin) de Saint-Blaise, III, 272.
Gerbet (Mgr), III, 325, 437.
Gerdil (Cardinal), III, 229, 270, 427.
Gerhard (Jean), III, 121.
Gerhardt (Paul), III, 107, 117, 279, 288.
Gerhoh de Reichersberg, II, 377.
Gerlach (Etienne), III, 101.
Gerlach, canoniste, III, 451.
Gerlach (de), Vieux-luthérien, III, 481.
Germain (Saint-)-en-Laye. Chapelle du château, II, 383. — Edit, III, 97. — Paix, 97.
Germain (Saint-)-des-Prés, abbaye, III, 157.
Germain de Constantinople, II, 85.
Germains. Causes de leur migration au vᵉ siècle, II, 9. — Leur tempérament intellectuel et moral, 10, 33, 72.
Germanie. Premières Églises, I, 112, 113. — Le progrès du christianisme lent et laborieux, II, 33.
Gerock, III, 498.
Gersen, probablement un mythe littéraire, II, 492.
Gerson, II, 412, 414, 417, 422, 458, 487, 491. — Ses sermons français, 435.
Gertrude (Sainte) d'Eisleben, II, 373.
Gervais et Protais (Saints), I, 123.
Gervais de Tilbury, II, 378.
Gesenius (G.), III, 494.
Gesta Francorum, II, 102.
Geste (Chansons de), II, 389.
Gewilib de Mayence, II, 46.
Geysa, II, 174.

Gfrœrer, III, 445, 481, 496.
Ghiberti, III, 212.
Ghildes, II, 497.
Ghirlandajo (Dominique), III, 214.
Ghirlandajo (Ridolfo), III, 215.
Gibelins et Guelfes, II, 245 et s., 268, 399, 401, 403, 406, 408, 436; III, 3.
Gichtel (Georges), III, 285.
Gieseler, I, 43; III, 496.
Gil de Tortose, III, 100.
Gilbert de Meaux, II, 195.
Gilbert de la Porrée, II, 364.
Gilbertins, II, 199.
Gildas le Sage, II, 100.
Ginoulhiac (Mgr), III, 386, 439.
Ginzel, III, 446, 449.
Gioberti, III, 371, 427.
Giorgione, III, 215.
Giottino, II, 499.
Giotto, le Dante de la peinture, II, 499.
Girardin (Saint-Marc), III, 241.
Giraud (Cardinal), III, 442.
Girone Concile, (1068), II, 192.
Giroust, III, 268.
Giurleo (Proto), III, 351.
Gladstone, III, 167.
Glaire, III, 434, 436.
Glaives (Les deux), II, 269.
Glassius, III, 289.
Gloria in excelsis, I, 235.
Glossa ordinaria, II, 278.
Gnose, I, 143. — Ebionite, 146. — Pagano-chrétienne, 149. — Sectes gnostiques au moyen âge, II, 354, 391.
Goar (Saint), II, 41.
Gobat, III, 271.
Gobel, III, 315.
Goch (Jean de), III, 29.
Godefroy de Bouillon, II, 286.
Godefroy de Lukina, II, 303.
Godefroy de Strasbourg, II, 323.
Godefroy de Viterbe, II, 377.
Godehard (Saint), II, 196.
Gœrres (Joseph), III, 339 et s., 418, 445, 451, 458.
Gœrres (Guido), III, 445, 460.
Gœschel, III, 491.

Gœthe, III, 338.
Gœlze, III, 305, 307.
Goffiné, III, 272.
Goldwell, III, 368.
Goldwitzer, III, 449.
Gollowitz, III, 440.
Gomarius, III, 112.
Gondamond, II, 17.
Gondebaud, II, 18.
Gonet, III, 266.
Gonthier de Schwarzbourg, II, 405
Gontran, roi de Bourgogne, II, 55.
Gonzague (Saint Louis de), III, 155, 173.
Gonzague (Hercule de), III, 143.
Gonzales (Thyrsus), III, 271.
Gorcum (Martyrs de), III, 88.
Gordiens (les), I, 130.
Gorham, III, 469.
Gorm l'Ancien, II, 180.
Gossler (de), III, 359.
Gossner, III, 337.
Gostner, III, 396.
Gothique (Architecture). Raphaël est l'auteur de cette dénomination méprisante, II, 380. — Mieux *ogivale*, 380. — Idée et caractère de ce style, 380 et s., 383. — Son berceau fut l'Ile-de-France, 381. — Géographie du style gothique, 381 et s. — Trois périodes, 382. — Tours de force et décadence, 494-496. — Réhabilitation et renaissance gothique, III, 458.
Goths, II, 12, 15, 19.
Gottschalk, roi des Wendes, II, 176.
Gottschalk, prédestinatien, II, 205.
Goujet, III, 257.
Goujon (Jean), III, 213.
Gousset (Cardinal), III, 439.
Gozzoli (Benozzo), III, 214.
Grabe, I, 34.
Grâce (Doctrine de la), I, 291; III, 202.
Graf, III, 440.
Grammont (Ordre de), II, 198.
Gran, siège archiépiscopal, II, 174.
Granvelle, III, 73, 88.
Gratien, empereur, I, 236.
Gratien, canoniste, II, 278.

Gratius (Ortuin), III, 11.
Gratry, III, 329, 387, 410, 412, 428, 437.
Gratz, III, 436.
Gravamina nationis Teutonicae, II, 431; III, 10, 52.
Gravure, II, 385; III, 210, 456.
Grec (Schisme), II, 163, 391, 506; III, 297.
Grèce. Situation religieuse, III, 498.
Gréco-Melchites, V. *Melchites*.
Grecs (Savants) en Occident, III, 3 et s.
Gregentius, évêque de Taphar en Arabie, I, 427.
Grégoire (Saint) Ier le Grand, pape, I, 331, 349, 394, 425.
Grégoire (Saint) II, II, 65.
Grégoire (Saint) III, II, 65, 67, 86.
Grégoire IV, II, 111.
Grégoire V, II, 125.
Grégoire VI, II, 128.
Grégoire (Saint) VII, II, 137, 209, 228; III, 236. — Le *Dictatus*, II, 162.
Grégoire VIII, II, 252.
Grégoire IX, II, 259 et s., 359. — *Decretum Gregorii*, 279.
Grégoire (le B.) X, II, 264.
Grégoire XI, II, 408 et s.
Grégoire XII, II, 412 et s., 420.
Grégoire XIII, III, 130.
Grégoire XIV, III, 132.
Grégoire XV, III, 136.
Grégoire XVI, III, 326, 374, 377.
Grégoire (Saint) le Thaumaturge, I, 171, 217, 224.
Grégoire (Saint) de Nazianze, I, 259, 408.
Grégoire (Saint) de Nysse, I, 259, 407.
Grégoire (Saint) l'Illuminateur, I, 443.
Grégoire (Saint) de Tours, I, 32, 38; II, 101.
Grégoire Abulfaradsch, II, 308.
Grégoire (Le Cardinal), canoniste, II, 162.
Grégoire Acindyne, II, 512 et s.
Grégoire Palamas, II, 512 et s.
Grégoire d'Utrecht, II, 42 et s.
Grégoire, patriarche de Constantinople, III, 499.
Grégoire Allegri, III, 218, 280.

Greiffenclau (Richard de), III, 43.
Greith, III, 364.
Gremper (Jean), III, 152.
Grenade (Louis de), III, 201.
Gretser, III, 194.
Grévy, III, 332.
Grey (Jane), III, 90.
Griesbach, III, 306.
Grignion de Montfort (le B.), III, 255, 269, 406.
Grimm, III, 338, 433.
Grimoald, II, 20.
Grimouard de Saint-Laurent, III, 448.
Grisar, S. J., III, 432, 446.
Grises (Sœurs), III, 162.
Grisons (Canton des). Réforme, III, 70, 100.
Groen van Prinsterer, III, 471.
Groënland, II, 182.
Groningue (Ecole de), III, 471.
Groot (Gérard), II, 450.
Grosse-Tête, II, 346, 348.
Grotius, III, 112, 118.
Gruber (Louis), III, 286.
Gruber (Mgr), III, 442.
Grumbach (Agnès de), III, 53.
Grundvig, III, 470.
Grüneisen, III, 497.
Grynaeus, III, 65.
Gryphius, III, 279.
Gualbert (Saint Jean), II, 130, 200.
Guelfes, V. Gibelins.
Guéranger (Dom), II, 387; III, 411, 446.
Guerber, III, 446.
Guericke, III, 464, 490, 493, 496.
Guérin, fondateur des Hospitaliers de Saint-Antoine, II, 340.
Guérin (Eugénie de), III, 330.
Guerra, III, 448.
Gueux, ou Protestants des Pays-Bas, III, 88.
Guffens, III, 456.
Gui (Saint), V. Vit (Saint).
Gui d'Arezzo, II, 187.
Gui de Basoches, II, 388.
Gui de Lusignan, II, 288 et s.
Gui de Sienne, II, 386.
Gui de Spolète, II, 117 et s.

Guibert de Ravenne, II, 141.
Guide (Le), III, 276.
Guignard, S. J., III, 169.
Guillaume Ier, empereur d'Allemagne, III, 352, 354, 356.
Guillaume Ier le Conquérant, roi d'Angleterre, II, 147.
Guillaume II, II, 148.
Guillaume III, III, 93.
Guillaume, comte de Hollande, II, 262.
Guillaume d'Orange le Taciturne, III, 88.
Guillaume d'Auvergne, II, 366.
Guillaume de Champeaux, II, 225.
Guillaume de Conches, II, 364.
Guillaume de Dijon, II, 167.
Guillaume (le B.) de Hirschau, II, 201.
Guillaume de Malmesbury, II, 377.
Guillaume de Modène, II, 303.
Guillaume de Nangis, II, 377.
Guillaume de Nogaret, II, 271.
Guillaume d'Occam, II, 402, 475.
Guillaume de Tyr, I, 33.
Guillaume Durand, V. Durand.
Guillois, III, 441.
Guises (les), III, 97 et s.
Guise (Charles de), cardinal de Lorraine, III, 97, 145.
Guizot, III, 383, 472 et s., 494.
Gunther de Cologne, II, 115.
Gunther (Antoine), III, 415, 436.
Günzbourg (Eberlin de), III, 53.
Gury, S. J., III, 429, 440.
Gustave-Adolphe, III, 175, 177.
Gustave-Adolphe (Société de), III, 344, 465.
Gutberlet, III, 437, 439.
Gutenberg, III, 16.
Gützlaff, III, 480.
Guyon (Mme), III, 247.
Gylas, II, 174.
Gyrovagues, I, 391.

H.

Haas, III, 438.
Hadrianeus (Codex), I, 243; II, 156.

Hændel, III, 288.
Hæusle, III, 362.
Hævernick, III, 492.
Haffner, III, 430, 432, 437.
Hagemann, III, 445.
Hagenbach, I, 45.
Hahn-Hahn (Ida), III, 460, 481.
Hakon le Bon, II, 180.
Halberstadt. Siège épiscopal, II, 49.
Halle. Université, III, 290.
Haller (Berthold), III, 70.
Haller (de), III, 438.
Hamann, III, 338.
Hambourg. Fondation du siège archi-
 épiscopal, II, 179.
Hamiltou (Patrice), III, 94.
Hamjares, I, 446.
Hamming d'Upsal, II, 304.
Haneberg, III, 339, 341, 411, 432,
 434 et s.
Hangancer d'Augsbourg, II, 401.
Hanne, III, 466.
Hanovre. Sièges épiscopaux, III, 336.
Haphthares, I, 344.
Harald l'Apostat, II, 178 et s.
Harald à la belle chevelure, II, 180.
Hardouin, S. J., III, 264.
Harless, III, 465, 490.
Harmonites, III, 476.
Harmonius, I, 156.
Harms (Nicolas), III, 490, 496.
Harnack, III, 495, 498.
Hartmann (E. de), III, 492.
Harzheim, III, 272.
Hase (Charles), III, 481, 496.
Hasslacher, S. J., III, 410, 444.
Hassoun (Cardinal), III, 401.
Hattem (Pontien de), III, 286.
Hatti-humayum, III, 397, 401.
Hatti-scherif de Gulhane, III, 500.
Hausrath, III, 491.
Havelberg, siège épiscopal, II, 176.
Hayd, III, 449.
Haydn, III, 462.
Haymon de Halberstadt, II, 205,
 215.
Haynald (Mgr), III, 386.
Hebel, III, 307.
Hébreux, secte protestante, III, 286.

Hébrides. Retour au paganisme; con-
 version, II, 182.
Hedinger, III, 286.
Hédion (Gaspard), III, 53.
Hedwige, reine de Pologne, II, 304.
Heerman (Jean), III, 117.
Hefele, I, 16, 42; III, 386, 424, 432,
 445, 449.
Hegel, III, 484 et s.
Hégésippe, I, 31, 36, 215.
Hégire, I, 29; II, 50.
Hégius (Alexandre), III, 10.
Heidegger, III, 291.
Heidelberg (Catéchisme d'), III, 106.
Heideloff, III, 458.
Heimbourg (Grégoire de), II, 428, 461.
Heine (Henri), III, 460.
Heinrich, prof. à Mayence, III, 430,
 432, 439.
Held, III, 65.
Hélène (Sainte), I, 372.
Helfert, III, 450.
Héliand, II, 242.
Héliogabale, I, 129.
Hellénisme juif, I, 62.
Helmold, II, 377.
Héloïse, II, 362.
Helvidius, I, 396.
Hémérobaptistes, I, 147.
Hemmerlin (Félix), II, 445, 462.
Hengstenberg. III, 465, 492 et s., 498.
Henke, I, 35; III, 306.
Hénoticon de Zénon, I, 276.
Hénoticon de Justin II, I, 283.
Henri I*er*, roi de Germanie, II, 180.
Henri II le Saint, II, 127.
Henri III, II, 129.
Henri IV, II, 131, 133 et s., 135-144.
Henri V, II, 144.
Henri VI, II, 252.
Henri VII, fils de Frédéric II, II, 260.
Henri VII (VIII), II, 399.
Henri II de France, III, 96.
Henri III, III, 85, 98.
Henri IV, III, 98, 169, 174. — Sincé-
 rité de sa conversion, 99.
Henri II d'Angleterre, II, 289; III,
 95.
Henri VIII, III, 41, 88, 95.

Henri de Champagne, II, 290.
Henri de Langenstein, II, 457, 460.
Henri de Laufenberg, II, 502.
Henri de Lausanne, II, 352.
Henri le Lion, II, 177.
Henri de Nœrdlingen, II, 486.
Henri Raspon, II, 262.
Henri de Saxe, II, 66.
Henri le Superbe, II, 246.
Henri d'Upsal, II, 181.
Henri de Veldecke, II, 323.
Henriciens, II, 352.
Hensel (Louise), III, 460, 481.
Heppe, III, 466.
Héraclas, I, 216.
Héracléon, I, 154.
Héraclius, empereur, I, 283, 287, 445.
Héraclius, schismatique, I, 187.
Herbiers du moyen âge, II, 439.
Herbst, III, 434.
Herder, III, 280, 306 et s., 482.
Hérétiques (Baptême des), I, 191.
Herfort. Couvent, II, 49.
Hergenrœther (Cardinal), I, 42; III, 424, 432, 437, 445, 450.
Héric, moine d'Auxerre, II, 242.
Hermann de Fritzlar, II, 487.
Hermann de Luxembourg, II, 141.
Hermann Contractus ou le Paralytique, I, 33; II, 229.
Hermann de Salza, II, 301.
Hermann de Wied, III, 74.
Hermann (Le P.), III, 482.
Hermann (E.), III, 497.
Hermas, I, 213.
Herménégilde (Saint), II, 15.
Hermeneutes, I, 176.
Hermès (G.), III, 414, 431, 436.
Hermesdorff, III, 462.
Hermétiques (Ecrits), I, 141.
Hermias, I, 214.
Hermogène, I, 156.
Hermonyme de Sparte, maitre de grec à Paris, III, 14.
Herreros de Mora, III, 475.
Herrnhut (les Frères de), III, 282.
Hervé de Bourgdieu, II, 373.
Hervé le Breton, II, 474.
Hervet (Gentian), III, 193.

Herzog, III, 440.
Herzog, évêque vieux-catholique, III, 350.
Herzog, protestant, I, 45. — Son Encyclopédie, III, 498.
Hess, peintre, III, 456.
Hesse (Eoban), III, 9.
Hesse. Réforme, III, 60.
Hesse-Darmstadt. Culturkampf, III, 360.
Hesse-Cassel. Luthéranisme et Calvinisme, III, 106.
Hésychastes, II, 512.
Hétairies, I, 125.
Hettinger, III, 432, 437, 439.
Hetzer, III, 119.
Heures de prières, heures canoniques, I, 349 et s.
Heures de Recueillement d'Aarau, III, 336.
Heures (les) d'Anne de Bretagne, III, 216.
Heuser, III, 449.
Heyling, III, 293.
Hidulphe (Congrégation de Saint-), III, 157.
Hiérarchie, I, 175. Cf. Clergé.
Hiéroclès, I, 142, 238.
Hiéronymites, II, 449.
Hiérotheus, II, 174.
High church party, III, 91, 468.
Hilaire (Saint), pape, I, 329.
Hilaire (Saint) d'Arles, I, 306 et s., 423.
Hilaire (Saint) de Poitiers, I, 414.
Hilaire (Le diacre), I, 421.
Hildebert de Tours, II, 195, 224, 240, 242.
Hildebrand, II, 129, 134.
Hildegarde (Sainte), II, 347.
Hildéric, II, 17.
Hildesheim. Siège épiscopal, II, 49.
Hilgenfeld, III, 491, 493, 496.
Hilgers, III, 346.
Hillin de Trèves, II, 249.
Himioben, III, 443.
Himpel, III, 432, 435.
Hincmar de Laon, II, 152, 158.
Hincmar de Reims, II, 114, 151, 153, 157 et s., 206, 208.

Hinschius, III, 497.
Hipler, III, 443.
Hippel, III, 498.
Hippolyte (Saint), I, 129, 134, 168 et s., 217, 221.
Hippolyte (Schisme d'), I, 185.
Hira, I, 446.
Hirn, évêque de Tournai, III, 321.
Hirschau (Congrégation de), II, 201.
Hirscher (de), III, 419, 432, 440-443.
Hispana (Collectio), I, 243 ; II, 156.
Histoire de l'Église, I, 2. — Son impor- tance, 4. — Division, 6. — Sources, 15. — Sciences auxiliaires, 18. — Littérature, 30.
Historique. L'école — allemande, III, 422.
Hitzig, III, 493.
Hobbes, III, 302.
Hœfler, III, 445.
Hœnninghaus, III, 438.
Hoffbauer (Le B.), III, 255, 406.
Hoffmann (Christophe), III, 476.
Hoffmann (Crato), III, 10.
Hoffmann (Franz), III, 417.
Hoffmann (de), III, 490.
Hofmeister (Séb.), III, 70.
Hofstede de Groot, III, 471.
Hohenlohe (Cardinal de), III, 353.
Hohenstaufen, II, 245, 248.
Holbach (d'), III, 304.
Holbein (les deux), III, 217.
Hollande, V. Pays-Bas.
Holste (Luc), I, 17 ; III, 232.
Holstein. Réforme, III, 60.
Holtzendorff, III, 466.
Holzhauser (Barthélemy), III, 159.
Holtzmann, III, 491.
Homélies, I, 345. — Recueils, II, 98.
Homiliæ Clementinæ, I, 147, 212.
Homiliaires, II, 98, 319.
Homénites, I, 446.
Hommer (Mgr de), III, 340.
Hongrie. Conversion, II, 174. — Ré- forme protestante, III, 86, 474.
Honorius Ier, pape, I, 284, 289 ; II, 64,
Honorius II, II, 246.
Honorius III, II, 258, 292.
Honorius IV, II, 265.

Honorius, empereur, I, 237, 338.
Honorius d'Autun, II, 377.
Hopter (Jacques), III, 87.
Hontheim (Nic. de), I, 41 ; III, 227, 271, 274.
Hoogstraten (de), III, 11, 37.
Hoppe, III, 441.
Hormisdas (Saint), pape, I, 279, 308, 330. — Sa célèbre Formule, 277.
Horn (de), III, 88.
Hornbach, abbaye, II, 36.
Horoy, III, 450.
Horvâth, III, 447.
Hosius de Cordoue, I, 249, 257.
Hosius (Le Cardinal Stanislas), III, 86, 143, 171, 194.
Hospitaliers de Saint-Antoine, II, 340.
Hosties, II, 186, 317.
Hottinger, I, 45 ; III, 118, 292.
Houbigant, de l'Oratoire, III, 264.
Houdry, III, 268.
Howard (Catherine), III, 89.
Huber (Samuel), III, 111.
Huber, III, 337, 387.
Hubert, II, 115.
Hübler, III, 357.
Huc, III, 399.
Hucbald, II, 187, 387.
Huet, III, 267.
Hüffer, III, 451.
Hug (L.), III, 432, 434.
Hüglin, III, 61.
Hugo (Victor), III, 458, 461.
Hugonin (Mgr), III, 428, 439.
Huguenots, III, 96.
Hugues le Blanc, II, 139.
Hugues de Saint-Cher, II, 374.
Hugues de Bourgogne, archevêque de Lyon, II, 149, 195.
Hugues (Saint) de Cluny, II, 130, 149.
Hugues de Die, II, 149.
Hugues (Saint) de Grenoble, II, 199.
Hugues de Montfort, II, 502.
Hugues de Saint-Victor, II, 370.
Hugues de Payens, II, 298.
Hulst (Mgr d'), III, 438.
Humanisme, III, 4.
Humbert (Cardinal), II, 168, 209, 228.
Humboldt (Al. de), III, 338.

Hume, III, 302.
Hümer, III, 449.
Humiliés (les), à l'origine confrérie d'artisans, II, 340.
Humiliés, nom des Vaudois, II, 357.
Hundeshagen, III, 432, 491.
Hunéric, II, 17.
Hung-Siu-Tseuen, III, 478.
Hunnius (Gilles), III, 111.
Hunolt, III, 272.
Hunyade, III, 19.
Hupfeld, III, 492.
Hurter, III, 481.
Hurter, S. J., III, 432, 439, 449.
Huschke, III, 465.
Huss (Jean), II, 466, 502.
Hussites (Guerre des), II, 469.
Hutten (Ulrich de), III, 9.
Hutter (L.), III, 289.
Hy ou Iona, foyer apostolique, II, 27.
Hyacinthe (Saint), II, 303.
Hyacinthe (Sainte) Mariscotti, III, 156.
Hydroparastates, I, 157.
Hygin (Saint), pape, I, 183.
Hygin de Cordoue, I, 399.
Hylé, Hyliques, I, 145, 150.
Hymnes, I, 200, 225, 347, 438 et s. ; II, 99, 106, 240, 388, 502 ; III, 221, 279.
Hypatie, I, 237 et s , 405.
Hypérius (André), III, 118.
Hypsistariens, I, 240.

I

Iaroslaw, II, 172.
Ibas, I, 271 et s.; 280-283, 414.
Ibériens. Leur conversion, I, 447.
Icètes, II, 392.
Idace, I, 399.
Iéna. Université, II, 108.
Ignace (Saint) d'Antioche, I, 125, 212.
Ignace (Saint) de Constantinople, II, 164 et s., 171.
Ignace (Saint) de Loyola, III, 163.
Île des Saints, II, 27.
Ildefonse de Tolède (Saint), II, 100.
Illuminés, III, 308.

Images (anciennes) de Jésus-Christ, des apôtres, etc., I, 227, 433. — Culte des —, 370. — Controverses à ce sujet, II, 83.
Images (Catéchismes en), II, 437.
Imitation de J.-Ch., II, 491.
Immaculée Conception, II, 319, 370, 433 ; III, 383, 405.
Immunité des clercs, I, 311 ; II, 54.
Impanation, III, 64.
Imposteurs (Livre des trois), II. 259; III, 120.
Imprimerie, III, 16, 101.
Impudicité, II, 440.
Imputative (Justice), III, 36.
Inclusi, II, 81.
In cœna Domini (Bulle), III, 129.
Incrédulité. Son dernier terme, III, 504.
Indépendants, III, 92.
Indes occidentales. Prédication de l'Évangile, III, 185 et s.
Indes orientales. Prédication de l'Évangile, I, 447 ; III, 180, 249, 251, 398.
Index librorum prohibitorum, III, 126.
Indiction, I, 29. — Indiction pascale, 204, 378.
Indo-Chine. Missions, III, 250, 398.
Ineffabilis, bulle, II, 267.
Infaillibilité pontificale, III, 384, 390.
Infralapsaires, III, 112.
Inge, roi de Suède, II, 181.
Ingeburge, II, 257.
Ingolstadt. Université, III, 150.
Ingres, III, 457.
Innocent (Saint) Ier, pape, I, 317, 329.
Innocent ii, II, 147, 363.
Innocent iii, II, 253, 258, 290 et s., 355, 358.
Innocent iv, II, 261, 263, 294, 359.
Innocent v, II, 265.
Innocent vi, II, 406.
Innocent vii, II, 412.
Innocent viii, III, 21, 152.
Innocent ix, III, 132
Innocent x, III, 137, 208.
Innocent xi, III, 99, 225 et s ; 234.

Innocent xii, III, 227, 234.
Innocent xiii, III, 236.
In partibus (Evêques). Origine, II, 278.
Inquisition, II, 358 ; III, 100, 126, 128, 153.
Inscriptions chrétiennes, tableau de la société, I, 208 ; II, 75, 77, 282. Cf. *Epigraphie.*
Inspiration, I, 199 ; III, 195, 291 et s.
Institor (Henri), III, 152.
Institut de la Charité, III, 409.
Interdit, II, 333 ; III, 134.
Interim, III, 73, 76.
Interstices, I, 363.
Introduction à l'évangile éternel, II, 351.
Invention de la Croix, I, 372.
Investitures (Querelle des), II, 135-149.
Iona (Ile d'), II, 27.
Irène, II, 69, 86 et s.
Irénée (Saint), I, 128, 203, 215, 217.
Irlande. Prédication de l'Évangile, II, 23, 25 et s., 32. — Réforme, III, 95.
Irminsul, II, 48.
Irrégularités, I, 177, 362.
Irving, III, 477.
Isaac le Grand (Saint), I, 414.
Isaac de Prague, III, 218.
Isabelle de Castille, II, 281.
Isabelle ii d'Espagne, III, 370.
Isenbiehl, III, 272.
Isidore (Saint) de Péluse, I, 409.
Isidore (Saint) de Séville, I, 32, 38 : II, 15, 80, 99, 155.
Isidore (Le faux), II, 152, 155, 157-161.
Isidore de Moscou, II, 172, 510.
Islà, S. J., III, 271.
Islamisme, II, 49, 280. — En Espagne, 49, 280. — En Sicile, 282.
Islande. Conversion, II, 178, 181. — Réforme. III, 84.
Itala, I, 199.
Italie. Prédication de l'Évangile, I, 113. — Protestants italiens, III, 100, 474. — État présent du catholicisme, 371.
Ithace, I, 399 et s.

Ittig, III, 289.
Ivoires sculptés, I, 435 ; II, 239, 497.

J

Jacob (G.), III, 448.
Jacobi (Fr.-H.), III, 307, 484.
Jacobini (Mgr), III, 357.
Jacobites, I, 279 ; II, 510.
Jacomino de Vérone, II, 389.
Jacopone de Todi, II, 268, 351, 388 et s.
Jacques (Saint) le Majeur, I, 78.
Jacques (Saint) le Mineur, I, 88, 105, 181.
Jacques. S'il y avait trois saints Jacques, I, 90.
Jacques (Ordre de Saint-), II, 302.
Jacques i^{er} d'Angleterre, III, 92, 94.
Jacques ii, III, 93, 170.
Jacques v d'Ecosse, III, 94.
Jacques i^{er} d'Aragon, II, 281.
Jacques El Baradaj, I, 279.
Jacques d'Edesse, II, 308.
Jacques de Haock, II, 91.
Jacques (Saint) l'Intercis, I, 444.
Jacques de Jüterbogk, II, 462.
Jacques de Molay, II, 300.
Jacques (Saint) de Nisibe, I, 413.
Jacques (Saint) de Saroug, I, 414.
Jacques de Voragine, II, 319, 378.
Jacques Zangalus, I, 279.
Jacques, le *maître hongrois*, II, 295.
Jagellon, II, 304.
Jager, III, 446.
Jahn, III, 434 et s.
Jakobi (Isaias), III, 401.
Jaldabaoth, I, 150 et s.
Jamblique, I, 238.
Janauscheck, III, 446.
Janiszewski (Mgr), III, 355.
Jannet (M. Claudio), III, 441.
Janow (Mathias de), précurseur de Jean Huss, II, 466.
Janow (Mathias de), évêque de Brandebourg, III, 66.
Jansen de Gand, III, 196.

Jansen (Corneille) ou Jansénius, III, 196.
Jansénisme, III, 208, 241-247.
Janson (Jacques), III, 196.
Janssen, III, 446.
Janus, III, 387.
Janvier (Saint), I, 138.
Janvier (abbé), III, 436.
Japon. Prédication de l'Evangile, III, 182, 252, 399.
Japonais (Les martyrs), III, 382.
Jarchi, II, 313.
Jarcke, III, 446, 452, 481.
Jay (Le), S. J., III, 168.
Jean (Saint) l'Evangéliste, I, 91.
Jean (Saint) Climaque, I, 412.
Jean (Saint) Colombini, II, 449.
Jean (Saint) Damascène, II, 85, 99, 104.
Jean (Saint) de Matha, II, 339.
Jean (Saint) de la Croix, III, 155, 160, 201.
Jean (Saint) de Dieu, III, 155, 161.
Jean (Saint) de Monagria, II, 86.
Jean (Saint) Iᵉʳ, pape, I, 330.
Jean II, I, 330.
Jean III, I, 331.
Jean IV, I, 287, II, 64.
Jean V (Saint), II, 65.
Jean VI, II, 65.
Jean VII, II, 65.
Jean VIII, II, 117.
Jean IX, II, 119.
Jean X, II, 120.
Jean XI, II, 120.
Jean XII, II, 121.
Jean XIII, II, 124.
Jean XIV, II, 125.
Jean XV, II, 125, 153.
Jean XVII, II, 127.
Jean XVIII, II, 127.
Jean XIX, II, 128.
Jean XXI, II, 265.
Jean XXII, II, 400-404.
Jean XXIII, II, 414-420, 467.
Jean Argyropulo, III, 5.
Jean de Bar, II, 410.
Jean, roi de Bohême, II, 403, 405.
Jean de Brienne, II, 292.

Jean Cantacuzène, II, 513.
Jean Cassien, V. Cassien.
Jean Crescentius, II, 127.
Jean Dara, II, 308.
Jean Duns Scot, II, 369.
Jean d'Ephèse, I, 414.
Jean-Frédéric de Brunswick, III, 295.
Jean le Jeûneur, I, 317, 320.
Jean Mathys, III, 63.
Jean de Monte Corvino, II, 306.
Jean Moschus, I, 412.
Jean d'Ozun, II, 309.
Jean V Paléologue, II, 407, 507.
Jean VIII Paléologue, II, 423, 507.
Jean de Paris, II, 401.
Jean-Paul, III, 308.
Jean Philopon, I, 278, 404.
Jean (le prêtre-), II, 305, 308.
Jean de Salisbury, II, 374, 378.
Jean de Salzbourg, II, 502.
Jean-Frédéric de Saxe, III, 76.
Jean le Scolastique, I, 242, 412.
Jean Scot Erigène, V. Scot.
Jean Sigismond de Brandebourg, III, 107.
Jean III de Suède, III, 83.
Jean Talaja, I, 276.
Jean sans Terre, II, 256, 290.
Jean le Teutonique, II, 278.
Jean Trithème, I, 39.
Jean de la Valette, II, 298.
Jean Veccus, II, 393.
Jean (Disciples de Saint-), I, 147.
Jean d'Acre (Saint-), V. Acre.
Jean (Chevaliers hospitaliers de Saint-), II, 297.
Jean (Chevaliers hospitaliers protestants de Saint-), III, 467.
Jeanne (Bienheureuse) de Valois, III, 159.
Jeanne (Sainte) Françoise de Chantal, V. Chantal.
Jeanne d'Arc, II, 441, 515.
Jeanne de Naples, II, 398, 408.
Jeanne (La papesse), II, 112.
Jehuda Ha Levi, II, 312.
Jérémie II de Constantinople, II, 172; III, 101.
Jérôme (Saint), I, 32, 264, 415.

Jérôme (Saint) Emilien, III, 160.
Jérôme de Prague, II, 469.
Jérôme Bonaparte. Son mariage avec Mlle Patterson, III, 319.
Jérusalem. Destruction, I, 105. — Royaume, II, 284, 286-88. — Evêché évangélique, III, 480. — Patriarcat latin, 397.
Jérusalem (F.-W.), III, 306.
Jésuates, Jésuatines, II, 449.
Jésuites, III, 135, 150, 162, 203 et s., 206 et s., 219 et s., 235, 238 et s., 253, 256, 345, 353, 376, 409, 429. — Leurs missions, 180 et s., 187, 250 et s.
Jésuite (Style), III, 211, 275.
Jésus. Sa vie, I, 69.
Jeûnes, I, 201, 375.
Jezdescherd Ier, I, 444.
Joachim Ier de Brandebourg, III, 61.
Joachim II, III, 66.
Joachim (L'abbé), II, 349 et s., 455.
Job de Moscou, II, 172.
Jocham, III, 440, 444.
Jœrg, III, 452.
Joinville, historien, II, 295, 377.
Jonas d'Orléans, II, 202, 214.
Jonas (Justus), III, 57.
Jordanès, V. Jornandès.
Joris (David), III, 119.
Jornandès, I, 37.
Joscelin Ier d'Edesse, II, 287.
Joscelin II, II, 287.
Joseph (Saint) Calasanz, V. Calasanz.
Joseph (Saint) de Cupertino, III, 156.
Joseph Alba, II, 313.
Joseph Karo, II, 313.
Joseph II, empereur, III, 229, 231 et s., 240.
Joseph Ier, patriarche de Constantinople, II, 392.
Joseph II, II, 507, 510, 513.
Joseph, patriarche chaldéen-uni de Diarbékir, III, 401.
Joseph David de Mossoul, III, 398.
Josèphe (Flavius), I, 74.
Joséphisme, III, 224.
Josquin de Prèz, II, 501.
Jourdain (M.), II, 270.

Journal de Bruxelles, III, 452.
Journaux catholiques, III, 451.
Jouvency, S. J., III, 174, 220.
Jovien, empereur, I, 236, 259.
Jovinien, I, 397.
Juan (Don) d'Autriche, III, 129.
Juarez, III, 395.
Jubilé, II, 268; III, 133.
Judaïsme, I, 48.
Judéo-Chrétiens, I, 103.
Judicatum, I, 281.
Jugements de Dieu, V. Ordalies.
Juif (Le) Errant, II, 315.
Juifs. Persécutent les chrétiens, I, 117. — Science juive, II, 222, 311. — Société protestante pour leur conversion, III, 480.
Juillet (Gouvernement de), III, 325.
Julia Mammaea, I, 129.
Jules (Saint) Ier, pape, I, 269, 328.
Jules II, III, 24.
Jules III, II, 430; III, 126.
Jules Romain, III, 215.
Julianistes, I, 277.
Julien l'Apostat, I, 234, 238. — Aveu touchant les chrétiens, 385.
Julien d'Eclane, I, 304.
Julienne (Sainte) de Rétinne, II, 317.
Julin. Siège épiscopal, II, 177.
Jumpers ou Sauteurs, III, 286.
Jungmann, III, 447.
Jung-Stilling, III, 307.
Junilius, I, 429.
Junius (Fr.), III, 118.
Junius Brutus, III, 136.
Junqua, III, 351.
Juridique (Théologie), III, 488.
Jus majestaticum circa sacra, III, 105.
Jus primae noctis, II, 327.
Jus primarum precum, III, 235.
Juste (Jean), sculpteur, III, 213.
Justin (Saint), martyr, I, 127, 214.
Justin Ier, I, 277.
Justine, impératrice, I, 259, 416.
Justinianeus (Codex), I, 242.
Justinien Ier, I, 279.
Justinien II, I, 289.
Juvavia, près de Saizbourg, II, 36, 38.

K

Kaaba (la), II, 50.
Kadan. Traité (1534), III, 62.
Kahnis, III, 490.
Kamil, sultan, II, 293.
Kant, III, 482.
Karen, S. J., III, 260.
Karo (Joseph), II, 313.
Katerkamp, I, 41 ; III, 337, 432, 445.
Kaufmann (Amara), III, 460.
Kaulbach, III, 456.
Kaulen, III, 431, 434 et s.
Kaunitz, III, 240.
Kaulzsch, III, 494.
Kayser, III, 441.
Keil, III, 492-94.
Keim, III, 491.
Keith, III, 283.
Keller (M.), III, 437.
Keller, graveur, III, 456.
Kellner, III, 444.
Kempen (Etienne), III, 53.
Kempis (Thomas A-), II, 450, 491, 502.
Kenrick (Mgr), III, 386, 395, 439.
Kent. Conversion, II, 24, 28.
Kerschbaumer, III, 440.
Κήρυγμα Πέτρου, I, 147.
Ketteler (Gotthar de), III, 85.
Ketteler (Mgr de), III, 360. 386, 437.
Kettenbach (Henri de), III, 53.
Kettenburg (de), III, 345.
Khalifes, II, 51.
Khartoum. Mission, III, 396.
Khoubilaï-Khan, II, 305.
Kiaking, III, 399.
Kierkegaard, III, 471.
Kiew, II, 171 et s ; 296.
Kihn, III, 432, 450.
Kilian (Saint), II, 40.
Kimchi, II, 313.
Kircher, III, 174.
Kirschenhardthof, III, 476.
Klée, III, 339, 419.
Klenze, III, 458.
Kleutgen, III, 410, 428 et s., 437.
Kliefoth, III, 490, 495.

Klingenthal. Couvent de Bâle, II, 438, 489.
Klinkowstrœm, S. J., III, 410, 444.
Klopstock, III, 280.
Klüpfel, III, 271, 438.
Knapp (Alban), III, 498.
Knipperdolling, III, 63.
Knoblecher, III, 396.
Knoll, III, 439.
Knoodt, III, 416.
Knopp, III, 451.
Knox, III, 94.
Knutzen, III, 303.
Kober, III, 432, 451.
Kobler, III, 432.
Koch, peintre, III, 455.
Kœnig, de Rostock, III, 289.
Kœnig, de Fribourg, III, 432.
Kœnigswinter. Assemblée de Vieux Catholiques, III, 346.
Kœssing, III, 440.
Kœstlin (J.), III, 488, 494.
Kœthe, I, 4 et s.
Kœtt (Mgr), III, 356.
Kolb (François), III, 70.
Kolping, III, 344, 407.
Komokel, II, 34.
Koornhert, III, 112.
Kopallik, III, 446.
Kopp (Mgr), III, 359.
Kopp, professeur, III, 364, 445.
Korakion, I, 172.
Kortholt, I, 118 ; III, 289.
Korum (Mgr), III, 359.
Kostka (Saint Stanislas), III, 173.
Krabinger, III, 450.
Krafft (Adrien), III, 214.
Kraft (Mgr Jacques), III, 443.
Kraus (Fr.-X.), I, 25, 41 et s. ; III, 359, 431 et s., 445, 448, 449.
Krause, III, 491.
Krauss, III, 495.
Krechting, III, 63.
Krementz (Mgr), III, 352, 360.
Krüdener (Mᵐᵉ de), III, 472, 502.
Krüll, III, 449.
Krummacher (Fried.-Ad.), III, 466.
Krummacher (Fr.-W.), III, 465 et s., 498.

Kübel (Loth. de), III, 360.
Kugler, III, 497.
Kühn (Fr.), III, 250.
Kuhn (Jean de), III, 419, 432, 439.
Kullmann, III, 285.
Kunstmann, III, 451.
Kupelian (Mgr), III, 401.
Kurtz, I, 44; III, 493 et s.
Kutschker, III, 450.
Kyriakos, III, 500.

L

Labadie (Jean de), III, 286.
La Barrière (Jean de), III, 147.
Labarte, III, 448.
Labarum, I, 139 et s.
Labbe, S. J., I, 16; III, 264.
Lachat (Mgr), III, 349, 364.
Lackmann, III, 494.
Lacombe, barnabite, III, 247, 248.
Lacordaire, III, 325-330, 410, 412, 437, 442, 444, 446.
La Cour (Didier de), III, 157.
Lacroix, III, 448.
Lactance, I, 173, 218.
Laderchi, III, 198.
Ladislas le Saint, II, 175.
Ladislas IV de Pologne, III, 86.
Ladislas de Naples, II, 412.
Laemmer, III, 481.
Lætus (Pomponius), III, 8.
Lafontaine, III, 277.
Laforêt (Mgr), III, 428.
Lagrange (Mgr), évêque de Chartres, III, 446.
La Guéronnière (de), III, 329, 380.
Lainez, S. J., III, 97, 164.
Lais, II, 388.
Lamanites, III, 477.
Lamartine, III, 460.
Lambert d'Avignon, III, 53, 60.
Lambert d'Hersfeld, II, 229.
Lambertini (Prosper), III, 237, 270.
Lambillotte, S. J., III, 462.
Lambin, III, 14.
Lambruschini III, 378.

Lamennais, III, 324 et s., 413, 425, 437.
Lamennais (L'abbé Jean de), III, 409.
La Mettrie, III, 304.
Lamezan (de), S. J., III, 410, 444.
Lamy, de l'Oratoire, III, 263.
Lamoricière, III, 380.
Lampe perpétuelle, I, 381.
Landon, pape, II, 120.
Landriot (Mgr), III, 437.
Landulf, II, 203.
Lanfranc, II, 224.
Lange (Rodolphe), III, 10.
Langen de Bonn, III, 346, 348, 431, 434 et s.
Langenstein (Henri de), II, 457, 460.
Langmann (Adélaïde), II, 486.
Lapide (Corn. A), III, 196
Laponie. Évangélisation, I., 304.
Laprade (Victor de), III, 461.
Lapsi, I, 116.
La Place (Josué de), III, 291.
La Ramée (Pierre de) ou Ramus, III, 15.
La Réveillère-Lépeaux, l'apôtre de la Théophilanthropie, III, 316.
La Rochetaillade (Jean de), II, 455.
La Rue (Dom de), III, 263.
La Rue (de), S. J., III, 268.
La Salle (Le B. de), III, 161, 253.
Lascaris, III, 5.
Las Casas, III, 185.
Lasko (Jean de), III, 85.
Lassus (Orlandus), III, 218.
Latino Malabranca, II, 388.
Latitudinaristes, III, 113.
Latomus, V. Le Masson.
Latran. 1er concile œcuménique(1123), II, 145; 2e (1139), 247; 3e (1179), 251; — 4e (1215), 255, 333, 353; — Analyse de ses décrets de réforme, 334; — 5e (1512-17), III, 24.
Λατρεία, I, 367.
Latter day Saints, III, 477.
Lauer, III, 449.
Launoy, II, 339; III, 226, 273.
Laurent (Saint), I, 134, 184, 377.
Laurent (Saint) Justinien, II, 445, 477.

Laurent (Mgr), III, 366.
Laurentie, III, 329, 451.
La Vallette, S. J., III, 257.
Lavater, III, 307, 338.
Lavement des pieds, I, 366.
Lavigerie (le cardinal), archevêque d'Alger, III, 409.
Laymann, S. J., III, 200.
Lazare (Ordre de Saint-), II, 297.
Lazare (Ile Saint-), III, 254.
Lazaristes, III, 159.
Lazes. Évangélisation, I, 447.
Lazzaris (Dominique), III, 412.
Leade (Jeanne), III, 286.
Léandre (Saint), de Séville, II, 15.
Le Blanc, de l'Oratoire, III, 268.
Le Blant (Edmond), III, 431, 448.
Le Boux (Guillaume), évêque de Périgueux, III, 268.
Lebrija (Ant. de), III, 16.
Lebrun (Charles), peintre, III, 277.
Le Clerc établit à Meaux la première communauté protestante de la France, III, 96.
Le Clerc (Jean), exégète, III, 292.
Le Cointe, de l'Oratoire, III, 265.
Le Courtier (Mgr), III, 443.
Lecteurs, I, 176.
Lectio, I, 343 ; — continua, 344 ; — propria, 344.
Lectionnaires, I, 344.
Lecture domestique de l'Écriture sainte, I, 345. — Lecture liturgique, V. Lectio.
Ledochwoski (Cardinal), III, 355.
Lee (Anne), III, 286.
Leewis (van), V. Denys le Chartreux.
Lefèvre, S. J., III, 442.
Lefèvre d'Étaples, III, 14, 195.
Le Fèvre (Jacques), III, 164.
Légats, II, 276.
Légende dorée, II, 319.
Légendes du Nord. Leur origine, II, 182, 322.
Légion fulminante, I, 127.
Légion thébéenne, I, 136.
Legnano. Bataille, II, 251.
Legrand, de Saint-Sulpice, III, 310.
Le Gras (Mlle), III, 162.

Legris-Duval, III, 442.
Lehmkuhl, III, 440.
Lehner (de), III, 449.
Leibnitz, III, 295, 303.
Leidrade de Lyon, II, 95, 103.
Leif l'Heureux, II, 182.
Leipzig. Université, II, 367. — Dispute, III, 38. — Intérim, 76. — Colloque, 107.
Leises, II, 502.
Lejeune, de l'Oratoire, III, 201.
Le Masson (Barth.), III, 193.
Le Masson (Jacques), III, 193.
Lemgo. Réforme, III, 63.
Lemos (Th. de), III, 191.
Lenormant (Ch.), III, 327, 329.
Lenormant (Fr.), III, 436, 448.
Lenthéric de Brême, II, 179.
Lentulus. Sa Lettre, I, 75.
Leo (Léonard), III, 280.
Leo (Henri), III, 481.
Léon (Saint) Ier, pape, I, 269, 273, 275, 329, 420.
Léon (Saint) II, II, 65.
Léon (Saint) III, II, 66, 70.
Léon (Saint) IV, II, 112.
Léon V, II, 119.
Léon VI, II, 120.
Léon VII, II, 121.
Léon VIII, II, 123 et s.
Léon (Saint) IX, II, 130 et s.
Léon X, III, 25, 37, 41.
Léon XI, III, 133.
Léon XII, III, 377.
Léon XIII, III, 356-59, 365, 369, 392.
Léon III l'Isaurien, empereur d'Orient, II, 67, 84, 86.
Léon IV, II, 86.
Léon V l'Arménien, II, 88.
Léon VI le Philosophe, II, 166 et s.
Léon d'Achrida, II, 167.
Léon le Grammairien, II, 232.
Léonard de Vinci, III, 214.
Léonce Pilate, III, 6.
Léonidas (Saint), I, 128.
Léonistes, II, 357.
Léontius de Byzance, I, 412.
Léopold Ier, empereur d'Allemagne, III, 295.

Léopold II, III, 230, 361.
Léopold Iᵉʳ, roi des Belges, III, 365.
Léopold v d'Autriche, II, 289 et s.
Léopold vi le Glorieux, II, 293.
Léopold de Bade, III, 342.
Léovigilde, II, 15.
Lépante. Bataille, III, 129.
Léporius, I, 269.
Léproseries, II, 326.
Leptines. Concile, II, 45.
Le Quien, III, 263.
Lérins, I, 393.
Lescot (Pierre), architecte, III, 212.
Lesnez (Vincent), de l'Oratoire, III, 268.
Lessing (Gotthold), III, 305.
Lessing, peintre, III, 456.
Lessius, S. J., III, 194 et s , 200, 206.
Lestonnac (Jeanne de), veuve du marquis de Montferrant, III, 144, 161.
Lesueur (Eustache), III, 216.
Lethielleux (Bible de), III, 436.
Letronne, III, 448.
Lettes. Conversion, II, 303.
Leyde (École de), III, 471.
L'Herminier, III, 266.
L'Heureux (Jean), III, 199.
Libanius, I. 238.
Libelli, libellatici, I, 133.
Libellus satisfactionis, II, 165.
Liber pontificalis, I, 182 ; II. 105.
Liber sextus, II, 279.
Liberatore, S. J., III, 390, 428 et s.
Liberatus de Carthage, I, 281, 424.
Libère, pape, I, 257, 262, 328.
Libermann (Le Vén.), III, 409.
Liberté religieuse, proclamée et mise en pratique pour la première fois, III, 294.
Libertins de Genève, III, 79.
Libre esprit (Frères et Sœurs du), II, 471.
Libres penseurs, III, 303.
Libri Carolini, II, 88.
Libris (de) recipiendis, décret de saint Gélase Iᵉʳ, I, 199.
Licinius, empereur, I, 138 et s., 232.
Lidwine (La B.), II, 484.
Liebermann, III, 436.

Liège. Guerre de la succession (1409), II, 328.
Liftina, V. *Leptines*.
Lightfoot, III, 293.
Ligue italienne contre Grégoire xi, II, 408. — Ligue de Cambrai, III, 24. — Sainte-Ligue de Nuremberg, 65. — Sainte-Ligue des Guises, 98. — Ligue de Wurtzbourg, 174.
Ligugé, le premier monastère de la Gaule, I, 392.
Liguori (Saint A. de), III, 255, 270.
Liguoriens, III, 255.
Limoges. Ligue de la paix, II, 191. — École d'émaillure, 385.
Lin (Saint), pape, I, 183.
Lindanus, III, 194.
Linder (E.), III, 481.
Lingendes (Cl.), III, 201.
Lingendes (Jean de), III, 201.
Lioba (Sainte), II, 44.
Lippe. Introduction du Calvinisme, III, 106.
Lippi (Frà Filippo), III, 214.
Lipsius, III, 491.
Lisco, III, 466.
Liszt, III, 462.
Litanies, I, 352.
Lithographie, II, 456.
Lithuanie. Conversion, II, 304.
Littré, III, 504.
Liturgie, I, 97, 196, 339 ; II, 183, 316.
Liturgies diverses, I, 352.
Liturgiques (Livres), I, 353.
Liverani (Mgr), III, 373, 448.
Livonie. Conversion, II, 303. — Réforme protestante, III, 84.
Llanos. Missions, III, 186.
Loch, III, 436.
Locherer, III, 449.
Locke, III, 302.
Logos de saint Jean, I, 109. — Ἐνδιά-θετος, προσφορικός, 255.
Loi du 7 fructidor, III, 316.
Lois civiles. Collections, I, 16.
Lollards, II, 453.
Lombards, II, 20. — Inférieurs aux Goths pour les aptitudes intellectuelles, 20.

Londres. Conférence de 1830, III, 499.
Longjumeau. Traité (1568), III, 97.
Longhaye, S. J., III, 442.
Loos (Corn.), III, 153.
Lope de Vega, III, 221.
Lorch. Siège épiscopal de l'époque romaine, I, 115 ; II, 37, 39.
Lorenzana (Cardinal de), III, 395.
Lorenzetti, II, 500.
Lorette. La *Santa Casa*, II, 319.
Lorin, S. J., III, 197.
Lorraine (Cardinal de), III, 97, 145.
Lothaire, empereur, II, 112, 114.
Lothaire II, II, 246.
Lothaire, roi de Lotharingie, II, 112, 115, 117.
Louis (Saint) Bertrand, III, 186.
Louis Ier le Débonnaire, empereur, II, 83, 111 ; III, 190, 214.
Louis II le Jeune, II, 112, 115, 117.
Louis IV de Bavière, II, 400, 407.
Louis le Germanique, II, 112, 117.
Louis VII, roi de France, II, 287.
Louis IX le Saint, II, 264, 294 et s., 359.
Louis XI, II, 449.
Louis XII, III, 23-25.
Louis XIII, III, 99.
Louis XIV, III, 99, 224, 233 et s.
Louis XV, III, 257.
Louis XVI, III, 313.
Louis XVIII, III, 324.
Louis-Philippe, III, 325.
Louis II de Hongrie, III, 86.
Louis Ier, roi de Bavière, III, 335, 339.
Louis de Thuringe, II, 259.
Louis (Saint) de Gonzague, III, 115, 173.
Louvain. Université, III, 364, 366, 433.
Loyson, III, 351.
Lubeck, III, 177.
Lubentius (Saint), II, 41.
Luc (Saint), I, 92.
Lucas Tudensis, II, 378.
Lucidus, I, 308.
Lucie (Sainte), I, 138.
Lucien (Saint) d'Antioche, I, 219.
Lucien de Samosate, I, 141, 238.

Lucifer de Cagliari, I, 261.
Luciſériens, II, 471.
Lucilla, I, 334.
Lucine (Sainte) I, 121.
Lucius (Saint) I, pape, I, 133, 184.
Lucius II, II, 247.
Lucius III, II, 252, 357.
Lucrèce Borgia, III, 22.
Luder (Pierre), III, 9.
Ludger (Saint), II, 42.
Ludmilla, II, 174.
Ludolf de Trèves, II, 154.
Ludolphe le Chartreux, II, 487.
Luis Ier de Portugal, III, 371.
Luitprand, I, 38 ; II, 218.
Lukaris (Cyrille), III, 101.
Lukas, évêque hussite, II, 502.
Lulle (Raymond), V. *Raymond*.
Lullus de Mayence, II, 44, 46.
Luminaire, I, 366.
Lumper, III, 272, 449.
Lund, métropole, II, 303.
Lunéville (Paix de), III, 334.
Lupold de Bebenbourg, II, 401.
Luthard, III, 490.
Luther, III, 32, 44, 49, 75.
Luthériens stricts en Prusse, III, 464 et s.
Luthériens (Théologiens) confessionnels, III, 490 et s.
Lutolf, III, 364.
Lutterbeck, III, 417.
Lutz (de), III, 352.
Luxembourg, III, 366.
Luxeuil, abbaye, II, 35, 59.
Lyon, XIIIe conc. œc., II, 261. — XIVe conc. œc., 264.
Lyre (Nicolas de), II, 476.

M

Maassen, III, 350.
Mabillon, I, 34 ; III, 254, 263.
Macaire (Saint) l'Ancien, I, 409.
Macarius Magnès, I, 239.
Macaronique (Style), II, 434.
Mac Carthy, III, 442.

Macedo (de), III, 443.

Macédoniens (Dynastie des), II, 230.

Macedonius, I, 259,

Machiavel, III, 197.

Mac-Mahon, III, 331.

Macrin, empereur, I, 128.

Madagascar. Apostolat catholique, III, 397 ; — protestant, 479.

Madai, III, 474.

Madeleine (Sainte), I, 114.

Maderne, III, 211.

Maffei (Scipion), III, 270.

Maffeo Veggio, II, 479.

Magdebourg. Erection du siège, II, 176.

Mages (Les rois), I, 378. Reliques, — II, 250.

Magnoald (Saint), II, 36.

Magnus le Bon, II, 181.

Maguire, III, 380.

Mahmoud-Beddredin, II, 212.

Mahomet, II, 49.

Mahomet II, II, 510.

Mai (Angelo), III, 390.

Maier, III, 432, 434 et suiv.

Maillard, II, 435 ; III, 201.

Maimbourg, S. J., III, 226.

Maimonide, II, 312, 314.

Mainooth. Séminaire ; sa dotation, III, 367.

Maïnottes, I, 238 ; II, 169.

Maison pauvre de Horn, III, 467.

Maistre (Joseph de), III, 324, 413.

Majesté (Lettre de), III, 86.

Major (Georges), III, 108.

Majorin, I, 335.

Majoriste (Controverse), III, 108.

Makowsky, III, 293.

Makrena Miezlawska, III, 374.

Malabares (Rites), III, 184, 251.

Malakani, III, 300.

Malalas, I, 31.

Malandrins, II, 440.

Malatesta, II, 416, 420.

Maldachini (Olympia), III, 138.

Maldonat, III, 196.

Malebranche, III, 267, 426.

Malek-al-Adel, II, 292.

Malines. Siège archiépiscopal, III, 366. Ecole de musique, 462.

Malleus maleficorum, III, 152.

Mallinckrodt, III, 342, 354.

Malou, homme d'État, III, 365.

Malou (Mgr), II, 491.

Malpighi (Jean), III, 6.

Malte (Chevaliers de), II, 298.

Mamachi, III, 269.

Mambluks, II, 294.

Mamert (Saint), de Vienne, I, 351.

Mamiani, III, 427.

Mandaïtes, I, 147.

Mander, III, 456.

Manès, Manichéisme, I, 157.

Manfred, fils de Frédéric II, II, 262.

Manhartiens dans le Tyrol, III, 319.

Maniéré (Style), III, 210.

Manipule, I, 354.

Manning (Cardinal), III, 368, 386.

Mans (Le), berceau probable des fausses décrétales, II, 160.

Mantegna, II, 500 ; III, 214.

Mantoue (Benoît de), III, 100.

Mantoue. Congrès (1459), III, 20. — Concile convoqué (1533), 51.

Mansi, III, 280.

Manuel II, empereur, II, 513.

Manuel Caleca, II, 513.

Manuel Comnène, II, 391.

Manuel Chrysoloras, III, 5.

Manuel Nicolas, III, 70.

Manuel Philé, II, 393.

Manuel d'histoire ecclésiastique. — Brièveté nécessaire, I, V. — « Bilan de la science, » II, VIII.

Manzoni, III, 427, 438, 461.

Mara, I, 74.

Maran (Prudent), III, 263.

Marangoni, III, 269.

Marat, III, 315.

Marbode, II, 240.

Marbourg. Colloque (1529), III, 57. — Université, 60.

Marc (Saint) Évangéliste, I, 92.

Marc (Saint), pape, I, 328.

Marc-Aurèle, I, 127.

Marc (Clément), III, 440.

Marca (Pierre de), III, 198.

Marcel Ier (Saint), pape, I, 185.

Marcel II, III, 126.

Marcel d'Ancyre, I, 252.
Marcellin (Saint), pape, I, 184.
Marchi, S. J., III, 391, 410, 447.
Marcia, I, 128.
Marcien, I, 274.
Marcion, I, 155.
Marco Polo, II, 306.
Marcus Eugénicus, II, 510.
Maret (Mgr), III, 328, 386 et s., 390, 433, 437.
Marheinecke, III, 485.
Marguerite (Sainte), de Pisidie, I, 138.
Marguerite Maultasch, II, 404.
Marguerite de Parme, III, 88.
Marguerite de Saal, III, 67.
Maria da Gloria, reine de Portugal, III, 371.
Mariage, I, 101, 364 ; II, 74, 185, 318. — Empêchements, I, 364. — Mixtes, 364. — Divorce, 364.
Mariage civil, III, 354, 370, 372.
Mariana, III, 135, 174.
Marianus Scotus, I, 38 ; II, 113, 229.
Marie (La très sainte Vierge), I, 90. — Son culte, 369. — Ses fêtes, 370.
Marie de Bavière, III, 481.
Marie la Catholique, III, 90.
Marie de Lorraine, III, 94.
Marie-Louise, impératrice, III, 320.
Marie Stuart, III, 94.
Marie-Thérèse, impératrice, III, 229.
Marienbourg, chef-lieu de l'ordre Teutonique, III, 301.
Marillac (Louise de), III, 162.
Marillac (Michel de), traducteur de l'Imitation de Jésus-Christ, III, 149.
Marilley (Mgr), III, 363.
Marin Ier, pape, II, 118.
Marin II, II, 121.
Marinus, gnostique, I, 157.
Maristes, III, 408.
Marius Mercator, I, 294, 421.
Marmoutier, I, 393.
Maronites, I, 289 ; II, 309, 510 ; III, 400 et s., 501.
Marozie, II, 120 et s.
Marquemont (Cardinal de), archevêque de Lyon, III, 149, 160.
Marseille (Ecole de), I, 307, 422.

Marshall, III, 447.
Marsile de Padoue, II, 401.
Marsile d'Inghem, II, 476.
Martène (Dom), III, 263, 273.
Martens (Guillaume), III, 446.
Marlianay (Dom), III, 263, 273.
Martiguy (l'abbé), III, 431, 448.
Martin (Saint) de Tours, I, 392, 400.
Martin Ier (Saint), pape, I, 287 ; II, 64.
Martin II et III, V. Marin Ier et II.
Martin IV, II, 265.
Martin V, II, 421 et s.
Martin de Braga, II, 16.
Martin de Troppau dit Polonus, I, 38 ; II, 113, 377.
Martin de Braccara, I, 238.
Martin de Dunin (Mgr), III, 340.
Martin (Mgr), de Paderborn, III, 375, 386, 437.
Martin, S. J., III, 410, 448.
Martin de Mayence, II, 490.
Martinet, III, 437.
Martini, III, 270.
Martiniana (Cardinal), III, 317.
Martinov, S. J., III, 446.
Martinus Gallus, II, 377.
Martinuzzi, III, 87.
Martyrium, I, 436.
Martyrs, I, 121. — Leur culte, 367.
Martyrs (Actes des), I, 17, 115.
Marucchi, III, 448.
Maruthas (Saint), I, 413.
Marx (Jacques), III, 445.
Marx (K.), III, 506.
Maryland. Ses premiers colons, III, 294.
Masaccio, III, 214.
Mascaron, évêque de Tulle, III, 268.
Masenius, S. J., III, 220.
Masona, de Mérida, II, 15.
Massacre juif de Francfort, II, 311.
Massacres de Septembre (les), III, 314.
Massillon, III, 267.
Massino, III, 372.
Massuet (Dom), III, 263.
Matamoros, III, 475.
Matérialisme, III, 504.
Mathew (Le P.), III, 367.
Mathias, empereur, III, 176.
Mathieu Blastarès, II, 513.

Mathieu Paris, I, 33; II, 377.

Mathieu (Le cardinal), archevêque de Besançon, III, 382.

Mathilde (Sainte), II. 196.

Mathilde (La comtesse), II, 139, 141, 143.

Mathurins, II, 340.

Mathys (Jean), III, 63.

Mattes, III. 419.

Mauburne (Jean), II, 446.

Maulbronn (Formule de), III, 110.

Maur (Saint), I, 393.

Maur (Bénédictins de Saint-), I, 34; III, 157.

Maures. Missions, II, 306. — Civilisation des Maures d'Espagne, 280.

Maurice (Saint) et ses compagnons martyrs, I, 136.

Maurice de Sully, évêque de Paris. Ses sermons, II, 321.

Maurice de Saxe, III, 76 et s.

Maurice d'Orange, III, 88.

Maury (Cardinal), III, 442.

Maxence, I, 138 et s.

Maxime (Saint) le Confesseur, I, 287.

Maxime (Saint), de Turin, I, 424.

Maxime, empereur, I, 400.

Maxime Planude, II, 513.

Maximes (les) des Saints, III, 234, 248.

Maximien Hercule, I, 135, 138.

Maximilien (Saint), I, 15.

Maximilien Iᵉʳ, empereur, III, 23, 25.

Maximilien II, III, 86.

Maximilien Iᵉʳ de Bavière, III, 176 et s.

Maximilien II, III, 325.

Maximilien, empereur du Mexique, III, 395.

Maximilla, I, 195.

Maximin Daza, I, 138 et s.

Maximin le Thrace, I, 129.

Mayence, érigé en métropole, II, 46. — Concile (829), 206; — (847), 187; — (848), 206; — (1049), 192; — Diètes (1439, 1441), II, 428. — Cathédrale, 238.

Maynard (l'abbé), III, 446.

Mayhas. Missions, III, 186.

Mayronis (François de), II, 474.

Mazzini, III, 379.

Méchitar, Méchitaristes, III, 254, 298.

Mechtilde (Sainte) de Magdebourg, II, 372, 389, 502.

Mechtilde (Sainte) la Jeune, II, 373.

Mecklembourg. Réforme protestante, III, 66. — Intolérance, 345.

Mecque (la), II, 50.

Médicis (les), III, 27 et s., 236.

Médicis (Cosme de) l'Ancien, II, 420.

Médicis (Jean de), III, 25.

Médicis (Jules de), III, 124.

Médicis (Jean-Ange de), III, 127.

Médicis (Cosme), grand-duc, III, 129 et s.

Médicis (Ferdinand de), III, 130.

Médicis (Catherine de), III, 98.

Médina (Barthélemy de), III, 190.

Médina (Michel de), III, 190.

Meersen. Traité (870), II, 117.

Mégerlé (Ulrich), III, 272.

Méginrade (Saint), II, 81.

Meier, III, 493.

Meignan (Mgr), III, 433, 435 et s.

Meindarts, arch. janséniste d'Utrecht, III, 247.

Meinhart, II, 303.

Meissen. Siège épiscopal, II, 176.

Mélanchthon, III, 39, 45 et s., 57, 108 et s. — Meurt découragé, 109, 115.

Mélander, III, 67.

Melchisédéchiens, I, 166.

Melchers (Mgr), III, 346, 355, 357, 360.

Melchiade (Saint), pape, I, 328.

Melchites, I, 279; III, 400, 402.

Mélétius (Saint) d'Antioche, I, 260.

Mélétius de Lycopolis, I, 187.

Méliton de Sardes, I, 214, 222.

Melun (M. le vicomte de), III, 441.

Memling, II, 498; III, 216.

Memnon d'Ephèse, I, 270 et s.

Ménandre, I, 109.

Mendelssohn, III, 306.

Mendelssohn-Bartholdy, III, 462.

Mendiants (Ordres), II, 447.

Mendez, S. J., III, 185.

Mengs (Raphaël), III, 276.

Menken, III, 498.

Mennas de Constantinople, I, 280.

Mennon, Mennonites, III, 122.
Menochio, III, 196.
Menot (Michel), II, 435 ; III, 201.
Mensurius, I, 334.
Mentana, III, 381.
Mercanti, III, 451.
Merci (N.-D. de la), II, 340.
Mergentheim, II, 301.
Merici (Sainte Angèle de), III, 160.
Merle d'Aubigné, III, 465, 473.
Mermillod (Cardinal), III, 363 et s., 386, 443.
Mérope, I, 445.
Mersebourg. Siège épiscopal, II, 176.
Merswin (Rulman), II, 489 et s.
Merten, III, 416.
Merz, III, 438.
Mesrop, I, 443.
Messaliens, I, 240.
Messe. Son caractère de sacrifice reconnu, I, 197, 340. — Messes privées, II, 186. — Messe des morts, 186 ; — Messe des catéchumènes, des fidèles, I, 192.
Messmer, III, 348, 449.
Méthode (Saint) de Tyr, I, 138, 264, 404.
Méthode (Saint), apôtre des Slaves, II, 170, 173.
Méthode de Constantinople, II, 230.
Méthode d'Olympie, I, 173.
Méthodistes, III, 284, 470, 472 et s.
Métrophanès, patriarche unioniste de Constantinople, III, 510.
Métrophanès Critopulos, III, 298.
Métropolitaine (Organisation), I, 179, 317 ; II, 150, 274.
Metsys (Quentin), III, 216.
Metternich, III, 361.
Mexique, III, 395.
Meyer, exégète protestant, III, 493.
Mezzofanti (Cardinal), III, 390.
Michaelis (Séb. de), III, 148.
Michaelis (Christian-Benoit), III, 280.
Michaelis (Jean-David), III, 306.
Michaelis (Jean-Henri), III, 290.
Michaud, vieux-catholique, III, 351.
Michel (Mont Saint-). Cloître, II, 383.
Michel Ier Rhangabé, empereur de Constantinople, II, 88.

Michel II le Bègue, II, 88.
Michel III l'Ivrogne, II, 163 et s.
Michel VIII Paléologue, II, 291, 392.
Michel Acominatus, II, 393.
Michel-Ange, III, 23 et s., 126, 210, 212, 214.
Michel Cérulaire, II, 167 et s.
Michel de Céséna, II, 401.
Michel Psellus, II, 233.
Michel Scot, II, 366.
Michelis (Ed.), III, 460.
Michelis (F.), III, 346, 352, 421, 436, 481.
Midrasch, II, 312.
Mieczyslas, II, 175.
Mies (Jacques de) ou Jacobel, II, 469.
Mieszlawska, III, 374.
Migétius, II, 94.
Migne, III, 450.
Migration des peuples au vᵉ siècle. Ses causes, selon le Dʳ Kraus, II, 9 ; — Selon M. Fustel de Coulanges, 10.
Miguel (Don), de Portugal, III, 371.
Milan (Jean de), II, 499.
Milan. Schisme des Trois Chapitres, I, 283. — Schisme d'Anspert, II, 151. — Liturgie, I, 352.
Milanesi, III, 448.
Milice de Jésus-Christ, II, 346.
Milicz (Jean), II, 466.
Millénarisme, I, 107, 171.
Milmans, I, 46.
Milner, I, 46.
Miltitz, III, 38.
Milvius (Pont). Victoire de Constantin, I, 139.
Mimigardeford, auj. Munster, II, 49.
Minden, Fondation du siège épiscopal, II, 49.
Minden (Jean de), II, 447.
Mindowe, II, 304.
Minghetti, III, 373.
Miniature, V. *Enluminure*.
Minimes, II, 449 ; III, 158.
Minnesingers, II, 323, 389.
Minucius Félix, I, 218, 221.
Miollis, III, 320.
Miraeus, roi d'Ibérie, I, 447.
Miroir de Saxe, II, 274.

Miroir de Souabe, II, 333.
Mischna, I, 117 ; II, 311.
Mischne Hatorah, II, 312.
Missel romain, III, 128.
Missi ecclésiastiques, I, 362.
Missions catholiques, V. *Propagation du christianisme.* — Société, III, 344.
Missions protestantes, III, 293, 479.
Mislewol, II, 176.
Mobilisation de la peinture par le tableau, II, 499.
Mochta (Sainte), II, 31.
Modalisme, I, 170.
Modernes (Temps). A quelle date ils commencent et quel est leur principe, II, 515.
Modestus (Saint), I, 38.
Modeste, hérésiarque, I, 215.
Mœhler, I, 36, 179 ; III, 339, 422, 432, 439, 445, 449.
Mœller, III, 481.
Mœrl (Marie), III, 412.
Mœurs chrétiennes, I, 98, 102, 206, 382, 394. — Décadence après Constantin, 382, 396. — Lutte contre la barbarie, II, 72. — Tableau de la vie chrétienne d'après les inscriptions, 75. — De Charlemagne à Grégoire VII, 189. — xii⁰ et xiii⁰ siècles, 321. — Fin du moyen âge, 435. — Mœurs de la Renaissance, III, 151. — Etat moral chez les protestants, 114.
Mogila, III, 297, 299.
Mogtasilah, I, 147, 159.
Moines, V. *Monachisme.* — Le moine prêcheur, II, 434.
Moïse de Chorène, I, 442.
Moissac (Cloche de), II, 184.
Molanus, III, 295.
Molay (Jacques de), II, 300.
Moleschott, III, 504.
Molière, III, 277.
Molina, III, 135, 191, 199, 207.
Molinos, III, 247.
Molitor (Ulrich), III, 152.
Molitor, de Francfort, III, 418.
Moll, I, 45.

Momiers, III, 473.
Monachisme, vie religieuse, ii⁰ période, I, 207, 209.
— iii⁰ — 383, 387.
— iv⁰ — II, 78.
— v⁰ — 193, 197.
— vi⁰ — 336, 392.
— vii⁰ — 444.
— viii⁰ — III, 147 et s., 156, 162.
— ix⁰ — 252.
— x⁰ — 407.
Monarchie sicilienne (Droits de la), III, 235, 371.
Monarchiens, I, 165, 169.
Mongols, II, 305.
Monique (Sainte), I. 517.
Monogramme du Christ, I, 140.
Monophysites, I, 272 ; II, 308.
Monothéisme primitif, I, 57.
Monothélites, I, 283.
Monsabré, O. P., III, 442.
Montagne (Claude-Louis), de Saint-Sulpice, III, 310.
Montalembert, III, 325-327, 329 et s., 375, 437, 446, 458, 518.
Montalte, pseudonyme de Pascal, III, 244.
Montalte (Cardinal), III, 131.
Montanisme, I, 194.
Montanus (Arias), III, 195.
Mont Cassin, I, 393 ; II, 104.
Mont Cassin (Annales du), II, 229.
Montchal (Charles de), archevêque de Toulouse, III, 149.
Monte (Cardinal del), III, 142.
Monte-Major, S. J., III, 206.
Montesquieu, III, 303.
Montfaucon, I, 34 ; III, 263.
Montfort (Simon de), II, 355.
Montfort (Hugues de), II, 502.
Monti (les) *della fede*, III, 131.
Montoya, S. J., III, 192.
Moore (Thomas), III, 438.
Moralités (Livres de), II, 439.
Moraves. Conversion, II, 172.
Moraves (Frères), II, 471 ; III, 86.
Moreh-ha-Nebuchim, II, 312.
Morel (Gall), III, 364, 460.

Morelly, III, 304.

Morelschiki, III, 300.

Morin (les), famille d'hellénistes, III, 14.

Morin, de l'Oratoire, III, 263.

Morisques, II, 282 ; III, 155.

Mormons, III, 477.

Morone (Cardinal), III, 77, 101, 125, 128, 143, 145.

Moroni, III, 447.

Morrison, III, 480.

Mort et sépulture chez les anciens chrétiens, I, 208, 385.

Morts (Communion donnée aux), I, 360. — Hostie mise dans le tombeau, II, 186. — Associations de la bonne mort au moyen âge, et *R. uleaux des Morts*, 197.

Morts (Danses des), II, 438.

Morts (Messe des), II, 186.

Morus (Thomas), III, 15, 89.

Mosaïques, I, 434 ; II, 238, 385.

Moscou. Vicissitudes de ce siège, II, 172 ; III, 297, 299.

Moser (J.-J. de), III, 105.

Mosheim, I, 35 ; III, 290.

Moufang, III, 430, 432, 437.

Moulart, III, 451.

Mourawief, III, 374.

Movers, III, 341, 432, 434.

Moy (de), III, 339, 451.

Moyen âge. Ses caractères, II, 3, 321.

Moyen-Moutiers, III, 157.

Moyenne (Science), III, 203, 207.

Mozarabique (Liturgie), I, 353.

Mozart, III, 462.

Mozzoni, III, 447.

Muchertach, II, 24.

Muets, secte russe, III, 300.

Mühlberg. Victoire, III, 76.

Muis (Siméon de) ou Marotte, III, 197.

Mulhouse. Réforme, III, 70.

Muller (Adam), III, 481.

Muller (André), III, 456.

Muller, canoniste, III, 451.

Muller (Henri), III, 121.

Muller (Jules), III, 487, 491, 494.

Mullois, III, 442.

Munich, centre de l'Allemagne catho-lique, III, 339. — École de peinture, 435. — Congrès des savants catholiques, 423.

Munster. Fondation du siège, II, 49. Les Anabaptistes, III, 63.

Münster (Séb.), III, 118.

Muntz (M. E.), III, 448.

Münz, III, 449.

Münzer (Thomas), III, 45, 48 et s.

Muratori, III, 269. — Canon de —, I, 199.

Murbach, abbaye, II, 36.

Murillo, III, 277.

Murner (Th.), III, 41, 70, 200.

Murray (le comte), III, 94.

Musaeus, III, 106.

Musique, II, 187, 387, 501 ; III, 218, 461.

Muspilli, II, 242.

Musso (Corn.), III, 201.

Mustiola (Sainte), I, 135.

Musulmans. V. *Islamisme*.

Mutian, III, 9.

Myconius (Frédéric), III, 53.

Myconius (Oswald), III, 65, 71.

Mystères ou drames spirituels, II, 324, 503 ; III, 462.

Mystique, II, 370, 481. — Spéculative et pratique, 481. — Allemande, 372, 482, 484. — Dans les Pays-Bas, 491. — Influence de la théologie mystique sur la prédication en Allemagne, 433.

Mysticisme protestant, III, 120.

Mythologiques (Symboles) empruntés par les chrétiens, I, 228.

N

Naasséniens, I, 154.

Nabor et Félix (Saints), I, 138.

Nachtigall (Othmar), III, 30.

Nadasdy, III, 87.

Nakaten, S. J., III, 272.

Namszanowski (Mgr), III, 352.

Nanini, III, 218.

Nankin. Traité, III, 399.

Nantes. Édit, III, 99. — Révocation, 99, 226.
Napoléon Ier, III, 316.
Napoléon III, III, 328, 380 et s.
Narthex, I, 19?, 436.
Natalitia martyrum, I, 368.
Nathusius, III, 405, 481.
Naturalisme philosophique, III, 302, 504.
Naturalisme dans l'art, III, 276.
Nature. Le moyen âge et la —, II, 439.
Nausea, III, 200.
Navarre (Martin de), III, 199.
Navarre (Pierre de), III, 199.
Naville (Ernest), III, 473, 496.
Nazaréens, I, 105.
Nazaréens. École de peinture dite des Nazaréens, III, 455.
Néander (Aug.), III, 487, 496.
Nectaire, I, 259, 361.
Nefs des églises, I, 436.
Négoce interdit aux clercs, I, 175.
Nemesius, I, 240, 404.
Néobule, pseudonyme de Bucer, III, 67.
Néo-Grecs, II, 169.
Néophytes, I, 177.
Néo-Platoniciens, I, 142.
Néo-Scolastiques, III, 429.
Néphites, III, 477.
Népos d'Arsinoë, I, 172.
Népotisme à Rome, III, 20, 25, 127, 137, 233 et s. — Bulle d'Innocent X contre ce désordre, 234.
Néri (Saint Philippe de), V. *Philippe*.
Nerli (de), III, 232.
Néron, I, 122.
Nersès Glaïetzi, II, 309.
Nersès de Lampron, II, 309.
Nerva, I, 125.
Nestor, historien russe, II, 172.
Nestoriens, I, 271 ; II, 307.
Nestorius, I, 269.
Netter (Thomas), II, 479.
Neugart, I, 40 ; III, 272, 361.
Newman, I, VIII, 9 ; III, 367-369, 438, 443, 461, 468.
Neyraguet, III, 440.
Nicée. 1er concile œcuménique, I, 248.

— 7e concile œcuménique, II, 87.
— Empire grec de —, 291.
Nicéphore Blemmida, II, 393.
Nicéphore Callisti, I, 32 ; II, 513.
Nicéphore Chumnus, II, 513.
Nicéphore Grégoras, II, 512 et s.
Nicet (Saint), II, 40.
Nicétas Acominatus, II, 392 et s.
Nicétas de Nicomédie, II, 394.
Nicétas Pectoratus, II, 168.
Nicolaï (Chr. Fréd.), III, 306.
Nicolaï (Philippe), III, 117.
Nicolaï, archéologue italien, III, 447.
Nicolaïtes, I, 107 ; II, 203.
Nicolas Ier (Saint), pape, II, 114, 152, 160, 164, 170, 179, 193.
Nicolas II, II, 132.
Nicolas III, II, 265.
Nicolas IV, II, 266.
Nicolas V, II, 430.
Nicolas V, antipape, II, 403.
Nicolas Ier de Russie, III, 374, 502.
Nicolas (Auguste), III, 437.
Nicolas l'Arétin, II, 498.
Nicolas de Bâle, II, 490.
Nicolas Cabasilas, II, 512.
Nicolas (Le B.) de Flue, V. *Flue*.
Nicolas de Lyre, II, 476.
Nicolas de Méthone, II, 393.
Nicolas le Mystique, II, 167.
Nicolas Pisano, II, 385.
Nicole, III, 244, 267.
Nicomachus Flavianus, I, 237.
Niebelungen, II, 323, 389.
Niebuhr, III, 338.
Niedner, I, 44 ; III, 496.
Niem (Thierry de), II, 410, 460, 480.
Niemeyer, III, 367, 498.
Nieremberg (Eusèbe), III, 202.
Nihilisme, III, 492, 502, 506.
Niklas (H.), III, 121.
Niklot, II, 177.
Nil (Saint), I, 409.
Nilles, S. J., III, 441.
Nîmes, Concile (1096), II, 149.
Nina (Cardinal), III, 359.
Niobe (Etienne), I, 278.
Niobites, I, 278.

Niphon, patriarche de Constantinople, II, 392.

Niphon, moine, II, 393.

Nisibe (École de), I, 412.

Nithard, S. J., III, 173.

Nitrie (Monastères de), I, 265.

Nitzsch, III, 487, 495.

Noailles (Cardinal de), III, 245.

Nobili (de), S. J., III, 182, 251.

Nobreya, S. J., III, 186.

Nodier (Charles), III, 449.

Noël, I, 377.

Noël (Jeux de), II, 324, 503.

Noëls (La Grande Bible des), II, 390.

Noël Alexandre, I, 34; III, 226, 266.

Noétus, I, 168.

Nogaret (Guillaume de), II, 271.

Nolte, II, 90; III, 449.

Nominalisme, II, 219, 223, 363, 473, 475.

Nomocanon, I, 242.

Nonciatures, III, 138.

Non-conformistes, III, 91.

Nonna (Sainte), I, 385.

Nonnes, I, 391.

Nonnus, I, 280.

Norbert (Saint), II, 338.

Norique. État du christianisme au v° siècle, II, 18.

Noris (Cardinal), III, 203, 270.

Normanby, III, 380.

Normands. Leur domination dans le Midi de l'Italie, II, 131 et s., 141.

Northcote, III, 447 et s.

Northumberland. Conversion, II, 25, 28.

Norvège. Évangélisation, II, 180. — Réforme protestante, III, 84.

Notarii, I, 310.

Nothing de Vérone, II, 206.

Nothomb (Alph.), III, 366.

Nothomb (J.-B.), III, 365.

Notker le Bègue, II, 188, 240.

Notker Labeo, II, 218.

Noureddin, II, 287 et s.

Nouveaux-Israélites, secte, III, 476.

Nouvelle-Grenade. Évangélisation, III, 186.

Nouvelle-Hollande, III, 402.

Novales, II, 331.

Novalis, III, 339, 498.

Novat, I, 186 et s.

Novatien, I, 187.

Novatiens, I, 187.

Noyers (François Sublet des), III, 149 et s.

Noyes (Humphrey), III, 476.

Nubiens, chrétiens du vi° au x° siècle, I, 445.

Numismatique chrétienne, I, 26.

Nunia, I, 447.

Nuremberg. Écoles de peinture et de sculpture, II, 409; III, 213, 217. — Diètes (1522-24), 52. — Paix religieuse, 59. — Sainte-Ligue, 65. — Réunion de Vieux-Catholiques, 346.

O

Oakeley, III, 499.

Oates (Titus), III, 170.

Ober-Ammergau. Représentation de la Passion, III, 462.

Oblates della Torre de' Specchi, II, 448.

Oblati, II, 80.

Oblations des fidèles, I, 208.

Oblats de Marie-Immaculée, III, 408.

Oblats de Saint-Charles, III, 159.

Obotrites, II, 48, 176.

O'Brien (M. Smith), III, 367.

Observantins, II, 339. — Leur crédit à la fin du moyen âge, 447.

Occam (Guillaume d'), II, 402, 473, 475.

Ochino (Bernardin), III, 90, 100, 158.

Ockenheim, II, 501; III, 218.

O'Connel, III, 367.

Octaves des fêtes, I, 376.

Octavien, II, 121.

Odensée. Diètes (1527, 1539), III, 84.

Odilon (Saint) de Cluny, II, 126, 198, 218.

Odoacre, II, 19.

Odon de Cluny, II, 198.

Odorici, III, 447.

Œcolampade, III, 39, 64, 69, 71.

Oehler, III, 490, 493 et s.
Œtinger, III, 307.
Œttingen (d'), III, 495.
Office. Récitation privée, I, 351.
Official, II, 277.
Ogive, II, 380.
Ohler, III, 444.
Οἰκόνομος, I, 310.
Olaf, roi de Suède, II, 180.
Olaf Schoosskœnig, II, 181.
Olaf Trygwesen, roi de Norwège, II, 181 et s.
Olaf Haraldson le Saint, II, 181.
Olahi, III, 87.
Oldenbourg. Siège épiscopal, II, 176 et s.
Olevian (Gaspard), III, 106.
Olga ou Hélène (Sainte), II, 171.
Olier (M.), III, 201, 308.
Oliva (Pierre), II, 351.
Olivétains, II, 448.
Olivétan (Pierre), III, 79.
Olshausen, III, 493.
Omar, II, 51.
Ombrienne (Ecole), III, 214.
Ommiades, II, 280.
Ὅμοιος, Ὁμοιούσιος, I, 256.
Ὁμοούσιος, I, 249, 257.
Ὁμφαλόψυχοι, II, 512.
Onction (Extrême), I, 362; II, 185.
Oneida (Communistes d'), III, 476.
Onocoetes deus, I, 116, 118.
Ontologisme, III, 426.
Opéra. Apparition de ce genre de composition, III, 219.
Ophites, I, 150.
Opposition hérétique au moyen âge, II, 349.
Opposition prophétique, II, 350, 455.
Optat (Saint) de Milève, I, 337, 421.
Orange. Concile (529), I, 309.
Orarium, I, 354.
Oratoire (Prêtres de l'), I, 34, 39; III, 156 et s., 263, 410. — En Angleterre, 368.
Oratoires. Premiers — chrétiens, I, 205.
Oratorios, III, 219, 280 et s., 462.
Orbais (Abbaye d'), résidence de Gottschalk, II, 206.

Orcades. Evangélisation, II, 182.
Orcagna, II, 498.
Ordalies, II, 73, 192.
Ordéric Vital, I, 32; II, 377.
Ordination, I, 364. — Per saltum, 363. — Absolue, 363.
Ordo Romanus, I, 353.
Ordre colossal, III, 274 et s.
Ordres majeurs et mineurs, I, 174, 176.
Ordres religieux, V. Monachisme.
Orfèvrerie, II, 239, 385.
Orgues, II, 188, 502.
Orient (Question d'), III, 499.
Orientation des églises, I, 350, 436.
Origène, I, 171; 215.
Origénistes (Controverses), I, 263, 280.
Orléans. Concile (549), II, 58.
Orléans (La Pucelle d'), II, 441, 515.
Orose (Paul), I, 32, 397, 428.
Orphauites, II, 470.
Orphiques (Ecrits), I, 141.
Orsel (Victor), III, 457.
Orsi, III, 269.
Orsini (les), II, 265 et s.; III, 6.
Orthodoxie (Fête de l'), II, 88.
Orthodoxie luthérienne, III, 287.
Orti, III, 447.
Ortuin Gratius, III, 11, 53.
Osiander, III, 109.
Osiandriste (Controverse), III, 109.
Osman, II, 51.
Osnabruck. Fondation du siège d' —, II, 48.
Osorius (Jérôme), III, 190.
Ossinin, III, 503.
Ostiarii, I, 176.
Ostphalie, II, 48 et s.
Ostrien (Cimetière). Souvenir de saint Pierre, I, 88.
Ostrogoths, II, 19 et s.
Oswald, roi de Northumbrie, II, 25, 29.
Oswald, professeur, III, 419.
Oswy, roi de Northumbrie, II, 25, 29.
Otfried de Wissembourg, II, 242.
Otgar de Mayence, II, 159.
Ottons (Dynastie des), II, 121-127.

Otton Ier, empereur, II, 121-124, 176.
Otton II, II, 124 et s.
Otton III, II, 125-127.
Otton IV, II, 253-255.
Otton de Bamberg, II, 177.
Otton de Saint-Blaise, II, 377.
Otton de Cluny, V. *Odon.*
Otton de Constance, II, 138.
Otton de Frisingue, II, 376.
Otton de Passau, II, 486.
Otton de Wittelsbach, II, 249, 254.
Oubli (Le grand) de Basilide, I, 152.
Oudinot, III, 379.
Ouen (Saint), II, 41.
Ouen (Saint-), église abbatiale, II, 496.
Oulfroi (Saint), II, 41, 51.
Ouvrières (Sociétés), III, 344, 407.
Overbeck, III, 455, 481.
Overberg, III, 337, 441.
Owang-Khan, II, 308.
Owen (Robert), III, 505.
Oxenham, III, 452.
Oxenstiern, III, 178.
Oxford. Mouvement (méthodiste)
d' —, III, 470.
Ozanam, III, 326 et s., 446.

P

Pabst (J.-H.), III, 416, 436.
Pabulatores, I, 391.
Pacca (Cardinal), III, 230, 320, 322.
Pachmann, III, 450.
Paciaudi, III, 269.
Pacifique (Frère), II, 389.
Pack (Otton), III, 50, 55.
Pacôme (Saint), I, 390.
Pacte d'Iglau, II, 470.
Pacte de Prague, II, 470.
Pactes diaboliques, II, 443.
Paderborn. Siège épiscopal, II, 49 ;
III, 335. — Diètes (777,785), II, 48.
— La Réforme protestante y échoue,
III, 63. — Principauté ecclésias-
tique, sécularisée, 334.
Padoue. Ecole de peinture, III, 214.
Pagani, I, 234.

Paganisme antique, I, 51 et s. — Sa
chute, 231.
Pagi (Ant.), I, 39.
Pagninus (Santès), III, 195.
Paix de Dieu, II, 191.
Pajon, III, 291.
Palacios, III, 190.
Palafox, III, 240.
Palatinat. Réforme protestante, III, 74,
105 et s.
Paleario (Aonio), III, 100.
Paléographie, I, 23.
Paléologues (les), II, 511.
Palestrina, III, 218.
Pallade, II, 24, 26.
Palladio (André), III, 210.
Pallavicini, S. J., III, 140, 198, 232
et s.
Pallium, I, 355.
Palma, III, 447.
Palma l'Ancien, III, 215.
Palmer, III, 495.
Palmerston, III, 474.
Palustre (M.), II, 382.
Pamphile, I, 217.
Panelli, III, 351.
Panmonothéisme, III, 492.
Pannonie. Prédication de l'Evangile,
I, 115 ; II, 18.
Παννυχίδες, I, 376.
Pantène, I, 111, 215.
Panthéisme, III, 302.
Panvinio, III, 199.
Pape. Election des papes, II, 124, 132,
134, 264. — Pouvoir direct et immé-
diat du pape sur toute l'Eglise,
274. — S'il peut juger et déposer
les rois, III, 134. — Table chrono-
logique, I, 478 ; II, 548 ; III, 542.
— Série des Papes :
(67-311), I, 182.
(311-604), I, 328.
(604-816), II, 63.
(816-1073), II, 110.
(1073-1123), II, 137.
(1123-1303), II, 246.
(1303-1455), II, 397.
(1455-1521), III, 19.
(1521-1655), III, 123.

(1655-1799), III, 232.
(1800-1888), III, 375.
Pape (le) Angélique, II, 348, 456.
Papebroeck, S. J., II, 339 ; III, 174.
Papelards, II, 451.
Paphnuce (Saint), I, 251.
Papias, I, 107, 172, 213.
Pâques, I, 201 et s., 376, 378 et s. — *Jeux de* —, II, 324. — *Risus paschales*, II, 324.
Parabolains, I, 311.
Paracelse, III, 121.
Paraclet (le). Couvent, II, 362.
Paraguay. Les *Réductions*, III, 186.
Parallélisme platonicien du monde des idées et du monde des phénomènes, I, 153.
Parasques, I, 344.
Parchor, I, 151.
Pâris (Le diacre), III, 246.
Paris. Université, II, 330 et s., 447. — Concile (557), 58. — Premier concile mixte de l'empire franc (614 ou 615), 55, 58. — Assemblée de théogiens (825), 90. — Concile (1104), 149. — Etats généraux de 1302, où, pour la première fois, le Tiers est appelé à délibérer, 269.
Parker, III, 91.
Parme (Marguerite de), III, 88.
Parménien, I, 337.
Paroissial (Clergé), II, 278.
Parr (Catherine), III, 89.
Parrains, I, 189.
Parsons, S. J., III, 170.
Pascal I\u1d49\u02b3, antipape, II, 65.
Pascal I\u1d49\u02b3 (Saint), pape, II, 111.
Pascal II, II, 143, 148.
Pascal III, antipape, II, 250.
Pascal (Blaise), III, 244, 267.
Pascal (Comput) et controverse à ce sujet, I, 202-204 ; II, 29.
Pascentes, I, 391.
Πάσχα σταυρώσιμον et ἀναστάσιμον, I, 201-203.
Paschase Radbert, II, 204, 215.
Pasquini, III, 447.
Passagiens, II, 356.
Passaglia, III, 373, 410, 443.

Passau. Origines chrétiennes remontant au IV\u1d49 siècle, II, 36. — Siège épiscopal, 39. — Traité (1552), III, 77.
Passion (Drame spirituel de la), II, 324 ; III, 462.
Passion (Instruments de la), III, 373.
Passionei (Cardinal), III, 238, 269.
Passionnaires, II, 325.
Passionnistes ou clercs déchaussés de la sainte Croix et de la Passion de Notre-Seigneur, III, 256.
Pastor (Louis), III, 446.
Pastoureaux, II, 311.
Pataria, II, 202, 354.
Patarins, II, 354.
Paterson (M\u2c7c\u1d49), III, 319.
Patriarches, I, 320.
Patrice (Saint), II, 24, 26.
Patrice des Romains, II, 63 et s., 107.
Patrimoine de saint Pierre, II, 68 et s.
Patripassiens, I, 167.
Patrizzi, S. J., III, 391, 435.
Patrologie, I, 20.
Patronage (Droit de), I, 312 ; II, 58. — Abus, 328.
Paul (Saint) l'apôtre, I, 78.
Paul I\u1d49\u02b3 (Saint), pape, II, 66.
Paul II, III, 20.
Paul III, III, 124, 143.
Paul IV, III, 90 et s., 127, 143.
Paul V, III, 92 et s., 133, 208.
Paul (Saint) l'Ermite, I, 388.
Paul (Saint) de la Croix, III, 256.
Paul I\u1d49\u02b3 de Russie, III, 373.
Paul de Burgos, II, 476.
Paul Diacre, II, 102 et s.
Paul le Monophysite, I, 283.
Paul de Samosate, I, 163, 167.
Paul le Silentiaire, I, 440.
Paul Warnefried, V. *Paul Diacre*.
Paule (Sainte), I, 391.
Pauliciens, II, 92, 354.
Paulin d'Aquilée, II, 93, 103, 242.
Paulin, apôtre des Northumbriens, II, 28.
Paulin (Saint) de Nole, I, 440.
Paulus, III, 485.

Pauvres (Soin des), I, 208, 314; II, 326.

Pauvres de Lyon, II, 357.

Pavie, prise par Charlemagne, II, 69. — Concile (850), 185.

Pays-Bas. Evangélisation, II, 40. — Réforme protestante, III, 87. — Etat présent du catholicisme, 364; — du protestantisme, 470.

Paysans (Guerre des), III, 48.

Pearson, I, 34.

Pecci (Joachim), V. *Léon* XIII.

Pecha (Fernando), II, 449.

Pecorelli, III, 451.

Pectorale (Théologie), I, 35; III, 487.

Pedro V, III, 371.

Peel (Robert), III, 367.

Peignes liturgiques, II, 185.

Peinture, I, 226, 433; II, 238, 385, 498; III, 275, 455. — Principe du *mur peint*, II, 385. — Cf. *Tableau*.

Peinture sur verre, II, 385, 498; III, 456.

Pékin, II, 306; III, 399.

Pélage Ier, pape, I, 331.

Pélage II, I, 331.

Pélage, hérétique, I, 291, 294, 301.

Pelargus, III, 200.

Pèlerin (Le) de Bordeaux, I, 373.

Pèlerins (Guides de), I, 373.

Pèlerinages, I, 373; II, 189, 319; III, 331.

Pelliccia, III, 269, 447.

Pellico (Silvio), III, 460.

Pénal (Droit) de l'Eglise, II, 77.

Peñiscola. Benoît XIII s'y retire, II, 420.

Pénitence (Degrés de la), I, 192.

Pénitence. Rachats de — ou *compositions*, II, 78.

Pénitencier (Prêtre), I, 191, 361.

Pénitenciers pontificaux, I, 361.

Pénitentiaire (Discipline), I, 191, 360.

Pénitentiels (Livres), I, 362; II, 78.

Penn (Guillaume), III, 283.

Penna (Horace della), III, 250.

Pentecôte, I, 201, 376, 379.

Pépin le Bref, II, 45-47, 67-69.

Pépuziens, I, 196.

Pérates, I, 154.

Perboyre (Le bienheureux Gabriel), lazariste, III, 406.

Père (Saint-) de Chartres, II, 383.

Pères apostoliques, I, 212.

Pères blancs ou de Notre-Dame d'Afrique, III, 396, 409.

Perfectus, moine, II, 282.

Pergolèse, III, 280.

Périer (Casimir), III, 377.

Périn, III, 457.

Périodiques catholiques, III, 452-54; — protestants, 497.

Περίοδοι Πέτρου, I, 147.

Περιστέριον, I, 281.

Permaneder, III, 449 et s.

Pernizza, III, 444.

Pérou. Evangélisation, III, 187.

Perpétue (Sainte), I, 128.

Perraud (Mgr), III, 433.

Perret, III, 448.

Perreyve (Henri), III, 433, 444.

Perrin, III, 441, 447.

Perrone, S. J., III, 410, 429, 438 et s.

Perse. Progrès du christianisme; persécutions, I, 443. — Les Nestoriens de —, 444.

Persécutions des empereurs romains, I, 115.

Persona (Gobelin), II, 480.

Pérugin (Pierre), III, 214.

Peschito (La), I, 198.

Pestalozzi, III, 495.

Peste (la) noire ou de Florence, II, 406, 441.

Petau, III, 265.

Petchersk (Couvent de), II, 172.

Peters, III, 449.

Petersen, III, 286.

Peterson (Laurent et Olaüs), III, 83.

Pététot, III, 410, 444.

Pétilien, I, 338.

Petites-Sœurs des Pauvres, III, 408.

Pétrarque, II, 296, 399, 406, 436, 454; III, 6.

Pétrinisme et Paulinisme, I, 105; III, 489.

Pétrobrussiens, II, 352.

Pettau. Antiquité de cette Église, I, 115; II, 36.

Peucer (Gaspard), III, 110.
Peyrère (Henri La), III, 291.
Pez, III, 272.
Pfaff, III, 105.
Pfefferkorn, III, 11 et s.
Pfeffinger, III, 109.
Pfister, III, 444.
Pfleiderer, III, 491.
Pflugk (Jules de), III, 73, 200.
Pharisiens, I, 50.
Phiala cruenta, I, 368; III, 406.
Philastrius (Saint), I, 421.
Philippe (Saint), apôtre, I, 89.
Philippe, antipape, II, 66.
Philippe l'Arabe, I, 130.
Philippe Ier de France, II, 135, 149.
Philippe II Auguste, II, 255, 257, 288 et s.
Philippe III le Hardi, II, 235.
Philippe IV le Bel, II, 267-271, 299, 397-400.
Paulin (Saint) de Nole, I, 440.
Paulin d'Aquilée, II, 93, 103, 242.
Paulin d'York, II, 29.
Philippe II d'Espagne, III, 88, 90, 100, 145.
Philippe III, III, 154.
Philippe de Souabe, II, 253 et s.
Philippe de Hesse, III, 50, 53, 55, 59, 74. — Sa bigamie, 66.
Philippe de Villiers de l'Isle-Adam, II, 298.
Philippe de Néri (Saint), III, 28, 155, 157.
Philippistes, III, 108, 466.
Phillips (Georges), I, 19; III, 339, 446, 450, 452, 481.
Philologie religieuse, I, 30.
Philon, I, 62.
Philopatris, I, 238.
Philosophie moderne, III, 301.
Philosophumena, I, 168, 185, 217.
Philostorge, I, 31, 37.
Philoxène, I, 345.
Phœbadius, évêque d'Agen, I, 428.
Photin, I, 255.
Photius, I, 242; II, 163-167, 231.
Φωτιζόμενοι, I, 190.
Phtartolâtres, I, 277.

Pianciani, III, 301.
Piaristes, III, 158.
Pic de la Mirandole, III, 7, 28.
Piccolomini (Aeneas Sylvius), II, 427 et s. ; III, 19.
Pichler, III, 445.
Pick, III, 476.
Pictes, II, 24, 27.
Pie Ier (Saint), pape, I, 183.
Pie II, V. *Aeneas Sylvius*.
Pie III, III, 24.
Pie IV, III, 127.
Pie V (Saint), II, 359 ; III, 128, 205.
Pie VI, III, 228, 230, 232, 240, 314, 316, 373, 404 et s.
Pie VII, III, 260, 316 et s., 376.
Pie VIII, III, 377.
Pie IX, III, 353. 356, 366, 368, 372, 375, 378, 405 et s.
Pie IX (Sociétés de), *Pius-Vereine*, III, 344.
Pie (Cardinal), III, 329, 412, 437.
Pierius, I, 171, 216.
Pierre (Saint), apôtre, I, 83. — Son séjour et sa mort à Rome, 84. — Κήρυγμα Πέτρου, 147. — Περίοδοι Πέτρου, 147. — Denier de saint —, II 267, 272. — Basilique de Saint-Pierre, III, 25, 210.
Pierre (Saint) d'Alcantara, III, 201.
Pierre (Saint) Chrysologue, I, 424.
Pierre (Saint) Damien, II, 130, 133, 194, 228.
Pierre (Saint) Nolasque, II, 340.
Pierre d'Amiens ou l'Ermite, II, 285 et s., 320.
Pierre III d'Aragon, II, 265.
Pierre Auriol, II, 474.
Pierre de Bruys, II, 352.
Pierre de Castelnau, II, 355.
Pierre Chrysolan, II, 394.
Pierre Comestor, II, 377.
Pierre de Dresde, II, 502.
Pierre Flotte, II, 269.
Pierre le Foulon, I, 276 et s.
Pierre (Le B.) Fourier, III, 148, 156.
Pierre della Francesca, II, 500.
Pierre le Grand, III, 297, 299.
Pierre Lombard, II, 321, 365.

Pierre de Luna, II, 412.
Pierre Martyr d'Alexandrie, I, 216.
Pierre Martyr d'Anghiera, III, 22.
Pierre Martyr, protestant, III, 90, 101,
Pierre Monge, I, 276.
Pierre de Morone, II, 266.
Pierre de Reims ou Cantor, II, 373.
Pierre Tedesco, II, 498.
Pierre Valdo ou Vaidez, II, 356.
Pierre le Vénérable, II, 198, 240, 363, 374 et s.
Piétisme, III, 289.
Piétisme moderne, III, 487.
Pilate. Lettres supposées, I, 75.
Pilati (Acta), I, 75, 138.
Piligrin de Passau, II, 174.
Pilon (Germain), sculpteur, III, 213.
Pimodan, III, 380.
Pineda, III, 196.
Pinturicchio, III, 214.
Piolin (Dom), III, 446.
Piper, III, 497.
Pirkheimer (Charitas), III, 10.
Pirkheimer (Willibald), III, 10, 103.
Pirmin (Saint), II, 36.
Pisani (les), II, 385, 497 et s.
Pischon, III, 491.
Piscine, I, 436. 438.
Pise. *Campo santo*, II, 499 et s. — Concile (1409-1410), II, 413-415. — Conciliabule (1511), III, 24.
Pistis Sophia, I, 157.
Pistoie. Synode, III, 231, 404.
Pistorius, III, 8
Pithou (Pierre), III, 134.
Pitra (Cardinal), III, 446.
Placide (Saint), I, 393.
Plainte de Marie, II, 503.
Plan de cette *Histoire de l'Eglise*, I, 41.
Planck, I, 35 ; III, 307.
Plastique, V. *Sculpture*.
Plater (Thomas), III, 70.
Platina, III, 8, 20.
Platon, I, 54.
Platonisme des Pères, I, 145.
Plenaria, III, 17.
Plérôme, I, 153.
Plettenberg (Gauthier de), III 84.

Pline le Jeune, I, 125.
Ploërmel (Frères de), III, 409.
Plotin, I, 141 et s.
Plutarque le Néo-platonicien, I, 239.
Pluvial, I, 355.
Plymouth (Frères de), III, 477.
Pneumatiques, I, 145.
Pneumatomaques, I, 248, 259.
Pocci, III, 460.
Podiebrad, V. *Georges*.
Pœschl, III, 337.
Poésie chrétienne, I, 225, 438 ; II, 106, 239, 323, 386, 388, 500, 503; III, 217, 277, 459, 498. — Poésie chrétienne populaire, II, 106, 388.
Pogge (Le), II, 469 ; III, 6, 8.
Pohl, III, 440.
Poissy. Colloque, III, 97.
Polding (Mgr), III, 402.
Pole (Reginald), III, 90 et s., 101, 126, 142.
Polenz, III, 53.
Polignac (Ministère), III, 325.
Politien (Ange), III, 7.
Pollajuolo, II, 500.
Polo, V. *Marco*.
Poloczk. Synode (1839), III, 374.
Pologne. Evangélisation, II, 175. — Réforme, III, 85. — Etat présent du catholicisme, 373.
Polus (Cardinal), V. *Pole*.
Polycarpe (Saint), I, 126, 183, 203, 212.
Polychromie, II, 385.
Polychronius, I, 410.
Polycrate, I, 203.
Polyglottes, III, 16, 195.
Polygonales (Eglises), I, 437.
Polythéisme, I, 52, 57.
Pombal, III, 256.
Poméranie. Evangélisation, II, 177. — Réforme protestante, III, 64.
Pompadour (Mme de), III, 257.
Pompéï. Si on y a trouvé des traces de christianisme, I, 123.
Pompignan (Lefranc de), III, 278.
Pomponace, II, 472 ; III, 6.
Pomponia Græcina, I, 421.
Pontien (Saint), pape, I, 129, 184.
Pontlevoy, S. J., III

Porphyre, I, 142.

Portatifs (Autels) dans l'antiquité, I, 437.

Porte-glaive (Ordre des), II, 301, 304.

Portioncule, II, 342 et s.

Port-Royal, III, 147, 243, 245.

Portugal. État du catholicisme, III, 371. — Propagande protestante, 475.

Positivisme, III, 504.

Possessor, de Carthage, I, 308.

Possevin, S. J., III, 83, 170, 196.

Portillæ, I, 345.

Potamienne (Sainte), I, 128.

Pothier (Dom), III, 462.

Pothin (Saint), I, 114, 127.

Poudres (La Conjuration des), III, 92, 170.

Poujoulat, III, 327, 451.

Poulains, II, 287.

Pourpre cardinalice, II, 277.

Poussin (Nicolas), III, 216.

Pouvoir temporel des papes. Son origine, II, 63, 67, 70.

Powondra, III, 440.

Prado (Jérôme), S. J., III, 190.

Praetorius (Mathieu), III, 294.

Pragmatique Sanction, II, 264; — de Bourges, 426; III, 25 et s., 225.

Prague. Université, II, 466.

Prato (Cardinal de), II, 397.

Praxéas, I, 163, 167, 195.

Préadamites, III, 291.

Prêcheurs (Frères), II, 344.

Prédestinatianisme, I, 300; II, 205; III, 80.

Prédestination, I, 299 et s., 308. — Absolue, base de la théologie calviniste, III, 80.

Prédestiné (le), I, 308.

Prédicateurs du xixᵉ siècle, III, 442.

Prédication, I, 345; II, 187, 319, 433; III, 116, 200, 262, 267, 442.

Prélats, membres des assemblées politiques, II, 55.

Prélature, III, 138.

Prémontré (Ordre de), II, 338.

Presbytériens, III, 92, 93, 469.

Presbyterium, I, 436.

Πρεσβύτεροι, I, 96, 174.

Présentation de Jésus (Fête de la), II, 183.

Présentation-de-Marie (Institut de la), III, 408.

Presse catholique, III, 451.

Pressensé (de), I, 45; III, 472, 496.

Prêtres, I, 96, 176.

Prévôts des Chapitres, II, 277.

Pribizlas, II, 177.

Prière chez les chrétiens, I, 349.

Priérias, III, 37.

Priestley, III, 476.

Primasius, I, 431.

Primats, I, 319. — Rome combat l'érection des sièges primatiaux favorisée par les princes, II, 150 et s.

Primauté du siège apostolique, I, 179-182, 321-325. — Traité récemment découvert de Priscillien, 322.

Primien, évêque donatiste de Carthage, I, 338.

Primuliacum, II, 77.

Prinsterer (Groen van), III, 471.

Prisca et Valéria, I, 137.

Prisca (Collectio), I, 243.

Priscilla, prophétesse montaniste, I, 195.

Priscillien et sa secte, I, 397. — Onze traités de — récemment découverts, 398.

Probabilisme, III, 200, 267

Probst, III, 432, 440 et s., 448.

Processions, I, 351. — De Flagellants, II, 441. — Dansantes, 442.

Processus et Martinianus, I, 123.

Proclus de Constantinople, I, 345.

Proclus, néo-platonicien, I, 239, 405.

Proclus, montaniste, I, 172.

Procope de Césarée, I, 411.

Procope de Gaza, I, 411.

Procope le Grand, II, 470.

Procope le Petit, II, 470.

Procopowicz, III, 299.

Prodiciens, I, 151.

Professio fidei Tridentinae, III, 128.

Propagande (Congrégation et Collège de la), III, 181.

Propagation du christianisme,

Ire période, I, 93.
IIe — 111.
IIIe — 442.
IVe — II, 9.
V^e — 169.
VIe — 302.
VIIIe — III, 180.
IXe — 249.
X^e — 394.
Prophètes (les) du Christ, II, 241.
Propos de table de Luther, III, 115.
Propositions Les quatre) ou Déclaration du clergé de France, III, 226.
Prosélytes de la justice, de la porte, I, 63.
Prosélytisme chrétien. Ses caractères, I, 11 et s.
Πρόσκλαυσις, I, 192.
Prosper (Saint) d'Aquitaine, I, 306, 308, 422.
Protassow, III, 374.
Protestantisme. His'oire de sa naissance et de ses progrès en Allemagne, III, 32, 44, 49, 72 ; — en Suisse, 67, 78 ; — dans les autres pays de l'Europe, 82. — Causes de sa rapide propagation, 102. — Principe *formel et matériel* du protestantisme, 68. —. Controverses et sectes, 107, 119, 282, 475. — Vie religieuse et morale, 113. — Science théologique, 117 et s., 287 ; — au XIXe siècle, 482, 492. — État présent du protestantisme dans les divers pays de l'Europe, etc., 463. — *Unions protestantes*, 466. Cf. *Réforme.*
Protestants, III, 56.
Protopaschites, I, 203 et s.
Protosyncelle, I, 310.
Proudhon, III, 505.
Prudence, poète chrétien, I, 440.
Provence. Origines chrétiennes, I, 114.
Prudence (Saint) de Troyes, II, 207, 216.
Pruner, III, 440.
Prusse. Conversion, II, 301 et s. — Réforme protestante, III, 45, 50, 82. — État présent du protestantisme, 464. — État du catholicisme, 334 et s.

Prusse (Frères chevaliers de), II, 303.
Psalmodie, I, 347.
Psaltae, Ψάλται, I, 348.
Psellus, II, 232.
Pseudo-Denys, I, 405.
Pseudo-Isidore, V. *Isidore.*
Psychiques, I, 146.
Psychologisme, III, 428.
Ptolémée de Fiadonibus, I, 32 ; II, 480.
Publicains, l'un des noms des Cathares, II, 354.
Publicistes catholiques, III, 451.
Publicius (Jacques), III, 9.
Pugin, III, 448, 458.
Pulchérie (Sainte), I, 274.
Purgatoire, II, 508.
Purification. Fête, I, 370 ; II, 188.
Puritains, III, 92, 95.
Pusey, Puseyisme, III, 367, 383, 468, 481.
Pyrker (de), III, 460.

Q

Quadratus, I, 126, 214.
Quadrivium, V. *Trivium.*
Quakers, III, 283.
Quanta Cura, encyclique du 8 décembre 1864, III, 382.
Quartodécimans, I, 202 et s.
Quatre-Couronnés (Les), I, 138.
Quatre-Temps, I, 375.
Quélen (Mgr de), III, 323.
Quenstedt, III, 289.
Quercum (Synodus ad), I, 266.
Quesnel (Le P.), III, 245.
Quiersy-sur-Oise. Champ de Mars (774), II, 68. — Concile (849), 206 ; — (853), 207. — Diète (857), 157.
Quiétisme, III, 247.
Quinisexte (Concile), I, 289.

R

Raab, III, 456.
Raban Maur, II, 205, 215.

Rabanis (M.), II, 398.
Rabulas d'Edesse, I, 271, 414.
Rachats de pénitence, II, 78.
Racine (Jean), III, 277.
Racine (Louis), III, 278.
Radbert, V. *Paschase*.
Radbod, II, 41 et s.
Radet, III, 320.
Radewin, II, 377.
Radewijns (Florent), II, 450, 491.
Radziwill, III, 86.
Raess (Mgr), III, 386, 446.
Raguse (Jean de), II, 508.
Rakow (Catéchisme de), III, 120.
Ralf Flambard, II, 148.
Ram (Mgr de), III, 446.
Ramus, III, 15.
Rancé (Le Boutillier de), III, 253.
Raoul-Rochette, III, 448.
Raphaël, III, 25, 210, 215.
Raschi, II, 313.
Raskolniks, III, 299.
Rathier de Liège, II, 218.
Rationalisme, III, 305, 482.
Rationalisme théologique, III, 306, 482.
Ratisbonne (Les Frères), III, 408, 446, 482.
Ratisbonne. Origine de ce siège, II, 38 et s., 45. — Concile (792), 94. — Colloque et intérim de Ratisbonne, (1541), III, 73. — Nouveau colloque (1546), 75.
Ratramne, II, 205, 207, 215.
Ratzbourg, siège épiscopal, II, 177.
Rauch (Christian), III, 459.
Raumer (de), III, 488.
Rauscher (Cardinal), I, 41 ; III, 362, 386, 445.
Ravaillac, III, 99.
Ravenne. Prétentions des archevêques de —, II, 151.
Ravesteyn (Josse), III, 103.
Ravignan (Le P. de), III, 410, 437, 442.
Raymond Lulle, II, 296, 307, 374.
Raymond Martini, II, 374.
Raymond (Saint) de Pennafort, II, 279, 307, 340.

Raymond du Puy, II, 297.
Raymond de Sébonde, II, 439, 476.
Raymond VI de Toulouse, II, 355.
Raymond II de Tripoli, II, 288.
Raynald (Ordéric), III, 198.
Rayneval (de), III, 380.
Rayonnant (Style), II, 382.
Raze (de), de Lachaud et Flandrin, III, 436.
Réalisme et nominalisme, II, 219, 223. Cf. *Nominalisme*.
Reber, III, 449.
Reccarède, II, 15.
Receptacula, I, 359.
Rechiar, II, 15.
Reclus proprement dits, II, 81.
Récollets, II, 341.
Recognitiones Clementinae, I, 147.
Redemptiones, II, 78.
Rédemptoristes, III, 255.
Redwitz (Oscar de), III, 460.
Réforme demandée, II, 347. — Dans le chef et dans les membres, 396, 423, 454, 515 ; III, 52. — Ce qu'elle devait être, II, 516. — Tentatives, 444, 446, 454 ; III, 26. — Pourquoi stériles, II, 515. — Réforme protestante, III, 32 ; — catholique, 124, 139. — Commission nommée par Paul III; son rapport, 125.
Réfutation de la confession d'Augsbourg, III, 58.
Régale (Droit de), III, 225.
Réginon de Prüm, I, 33 ; II, 161, 219.
Régionaux (Evêques), V. *Chorévêques*.
Règles monastiques, I, 17.
Régnier (Claude), de Saint-Sulpice, III, 310.
Reichenau (Couvent de), II, 36.
Reichenberg, III, 440.
Reichensperger (Auguste), III, 342, 354, 458.
Reichensperger (Pierre), III, 342, 354.
Reichlin-Meldegg, III, 337.
Reid (Thomas), III, 426.
Reiffenstuel, III, 274.
Reimarus, III, 306.
Reims. Concile (813), II, 187. — Siège archiépiscopal disputé, 154. — Mo-

saïque de Saint-Rémi, 238. — Cathédrale, 383. — Chapelle du palais archiépiscopal, 383.
Reinerding, III, 439.
Reinhard de Wittemberg, III, 307, 496.
Reinke, III, 435.
Reinkens, III, 346, 348, 350, 387, 449.
Reischl, III, 436.
Reithmayr, III, 432, 434 et s.
Relâchement des mœurs chrétiennes après Constantin, I, 382, 396; — dans le clergé à la fin du moyen âge, II, 444.
Religions. Science comparée des —, I, 56. — Religions des peuples civilisés de l'Orient, 51.
Reliques. Culte des —, I, 371; II, 189, 319.
Rémi (Saint) de Lyon, II, 206 et s.
Rémi (Saint) de Reims, II, 22, 217.
Rémi d'Auxerre, II, 218.
Rémi (la mosaïque de Saint-), à Reims, II, 238.
Remismond, II, 15.
Remling, de Spire, III, 446.
Remling, de Leitmeritz, III, 446.
Remoboth, moines errants de Syrie, I, 391.
Remontrants, III, 112.
Renaissance des lettres et des arts, III, 3, 209. — Caractère de la Renaissance française, 14.
Renan, III, 329, 489.
Renaudot, III, 263.
Renée, duchesse de Ferrare, III, 79, 100.
Reni (Guido), III, 276.
Renonciation à Satan dans le baptême, I, 357.
Reparatus de Carthage, I, 281.
Repeal Association, III, 367.
Resch-Glutha, II, 310.
Resch-Methibia, II, 310.
Réserve ecclésiastique, III, 77.
Réserves papales, II, 273, 328, 390; III, 24.
Résolutions de la députation de l'Empire (1803), III, 334.

Restauration (Gouvernement de la), III, 324.
Restitution (Edit de) de 1629, III, 175.
Rétables, II, 437.
Réticulaire (Voûte), II, 495.
Retraite (Dames de la), III, 408.
Reublin, III, 69.
Reuchlin, III, 11.
Reumont (de), III, 445.
Reusch, de Bonn, III, 346, 348, 431, 436.
Reusens, III, 448.
Reuss, III, 472, 491, 493.
Revel. Fondation du siège, II, 304.
Revivals, réveils, III, 470.
Révolution française, III, 311.
Révolution de 1848, en France, III, 328; — en Allemagne, 341; — à Rome, 379.
Revue catholique de Louvain, III, 454.
Revue des questions historiques, III, 453.
Reyberger, III, 439.
Rhégius (Urbain), III, 53.
Rheinwald, III, 497.
Rhenanus (Beatus), III, 10.
Rhense. Diète (1338), II, 404.
Rhin supérieur. Province ecclésiastique, III, 335.
Rhodès, S. J., III, 182.
Rhodes (Ile de), II, 298.
Rhodon, I, 215.
Riancey (de), III, 329, 451.
Ribera (François), III, 196.
Ribera le Philosophe, III, 271.
Ribera ou l'Espagnolet, III, 276.
Ricci (Laurent), S. J., III, 257, 259.
Ricci (Mathieu), S. J., III, 184.
Ricci (Scipion), III, 232, 404.
Richard Cœur de Lion, II, 289.
Richard de Cornouailles, II, 265, 294.
Richard (Le maréchal), II, 293.
Richard de Saint-Victor, II, 371.
Richelieu (Cardinal de), III, 99, 136, 177, 225.
Richemont (de), III, 448.
Richer, de Reims, II, 218.
Richer (Edmond), III, 134, 170, 198, 225.

Richier, sculpteur, III, 213.
Richter (A.-L.), III, 485, 497.
Richthofen (de), III, 482.
Riegler, III, 439.
Rienzi (Nicolas), II, 405, 455.
Rietschel, III, 459.
Rietter, III, 432.
Rieizler, III, 446.
Riga, Fondation du Siège, II, 303 et s.
Rigorisme chez les anciens chrétiens, I, 208.
Rig-véda, I, 57.
Rimbert, II, 180.
Rimini, Concile (359), I, 258.
Ringöld, II, 304.
Ringseis (Emilie), III, 460.
Rio, III, 327, 330, 448, 458.
Ripalda, S. J., III, 192.
Ripon, III, 482.
Ripuaires (Francs), V. *Francs*.
Risus paschales, II, 324.
Ritter (Ignace), III, 432, 445.
Ritter (Maurice), III, 446.
Ritschl, III, 495 et s.
Rituel prussien, V. *Agende*.
Rive (Pierre de), III, 202.
Robbia (Luca della), III, 212.
Robert d'Anjou, II, 400.
Robert d'Arbrissel, II, 198.
Robert de Citeaux, II, 337.
Robert de Genève, II, 408 et s., 411.
Robert Grosse-Tête, II, 346, 348.
Robert Guiscard, II, 131, 133, 141, 282.
Robert de Liège, II, 317.
Robert le Palatin, roi des Romains, II, 415.
Robert Pulleyn, II, 365.
Robert de Sorbon, II, 374.
Roberts, III, 478.
Robespierre, III, 315.
Rochefoucauld (Cardinal de La), III, 148.
Rock, III, 448.
Rock (Jean-Fr.), III, 286.
Rococo (Style), III, 275.
Rode (Jean), II, 447.
Rodolphe Ier de Habsbourg, II, 264.
Rodolphe II, III, 86 et s., 176.

Rodolphe de Souabe, II, 140 et s.
Rodriguez (Alphonse), III, 201.
Rodriguez (Simon), III, 171.
Rogations, I, 351.
Roger Ier, comte de Sicile, II, 282.
Roger II, roi de Sicile, II, 282.
Roger de Grosswardein, II, 378.
Roh, S. J., III, 410, 437, 444.
Rohault de Fleury, III, 448.
Rohling, III, 435.
Rohrbacher, III, 445.
Rohrer, III, 445.
Roisin (de), III, 448.
Rokyzana, II, 470.
Rolfus, I, 42 ; III, 444.
Rollon, II, 180.
Romain, pape, II, 119.
Roman (Style), II, 235, 380 et s.
Romano (Francesco), III, 100.
Romantique (École), III, 338, 454, 458 et s.
Romanus, hymnographe grec, I, 439.
Rome, V. *Pierre (Saint)*, *Primauté*, *Papes* et *Passim*. Pour les conciles œcuméniques, V. *Latran* et *Vatican*.
— Conciles (262), I, 170 ; — (313), 335 ; — (341), 253 ; — (495), 329 ; — (496), 329 ; — (649), 287 ; — (649), 288 ; — (1050), II, 209 ; — (1059), 338 ; — (1063), 338 ; — (1074), 137 ; — (1075), 138 ; — (1076), 139 ; — (1079), 210 ; — (1112), 145 ; — — (1412), 416 ; — (1725), III, 236.
— Rome prise et pillée par les Goths (24 août 410), II, 15 ; — par les Vandales (455), I, 329 ; II, 17 ; — par l'armée du connétable de Bourbon (1527), III, 55.
Romillion, de l'Oratoire, III, 161.
Romuald (Saint), II, 126, 199.
Ronge (Jean), III, 343.
Roos (M. Fr.), III, 307.
Roothan, S. J., III, 407, 445.
Rosaire, II, 189, 319. — Fête, 433.
Roscelin, II, 224.
Rose (Sainte) de Lima, III, 156.
Rose-Croix, III, 121.
Rosenkranz, III, 485.
Rosenmüller, III, 307, 493.

Rosenthal, III, 446.
Rosmini, III, 371, 409, 427, 438, 445.
Rosshirt, III, 450.
Rossi (Bernard de), III, 270.
Rossi (J.-B. de), I, 22, 23 ; III, 359, 391, 430, 447.
Rossi (Michel-Étienne de), III, 447.
Rossi (Pellegrino), III, 379.
Rostislas, II, 173.
Roswitha, II, 196, 243.
Rota Romana, II, 404.
Rothade, II, 152.
Rothe (Richard), III, 466, 491, 495.
Rotondes, I, 437.
Rotrou (Jean), III, 221.
Rotta, III, 101.
Rottmann, III, 63.
Rouen, Saint-Ouen, la plus belle de toutes les abbatiales, II, 496. — Danse des morts sculptée sur la colonnade du cimetière de Saint-Maclou, 438.
Rouleaux des morts, II, 197.
Rousseau (J.-B.), III, 278.
Rousseau (J.-J.), III, 303.
Rovère (Famille de la), III, 20 et s., 136.
Royko, III, 272, 414.
Rozaven, S. J., III, 429.
Rubens, III, 216.
Rubianus Crotus, III, 9, 12.
Rubruquis, V. *Ruysbroeck*.
Ruchrath (Jean), III, 29.
Rudelbach, III, 490.
Rudski (Vélamin), III, 298.
Ruet, III, 475.
Ruf (Congrégation de Saint-), II, 338.
Rufin, I, 32, 264, 416.
Ruge, III, 504.
Rugen (Ile de), II, 177.
Rugiens, II, 18 et s.
Ruinart (Dom), III, 263.
Ruland, III, 449.
Rumohr (de), III, 448, 481.
Rump, III, 446.
Rupert (Saint), II, 37.
Rupert de Deutz, II, 373.
Rurik, II, 171.
Russ (Nicolas), III, 29.
Russie, II, 171 ; III, 297, 299, 373, 474, 502.

Rusticus, I, 281.
Ruttenstock, III, 445.
Ruysbroeck, missionnaire chez les Mongols, II, 305.
Ruysbroeck (Jean), mystique, II, 487.
Ryckel (Denis de), II, 439.

S

Sa (Emmanuel), III, 190.
Sabatati, ou *Ensbotès* II, 357.
Sabbat (Célébration du), II, 375.
Sabéens, I, 147.
Sabellius, I, 170.
Sabinien, pape, II, 63.
Saccarelli, III, 269.
Sachs (Jean), III, 53, 117.
Sacramentaire (Controverse), III, 64.
Sacramentaux, I, 365.
Sacré-Cœur de Jésus (Dames du), III, 408.
Sacré Cœur de Marie (Dévotion du), III, 405.
Sacré Cœur de Jésus (Dévotion du), III, 404.
Sacrements, I, 189, 356; II, 185, 316.
Sacrement (Fête du Saint), II, 317 et s.
Sacrificati, I, 133.
Sacrifice eucharistique, reconnu, I, 197, 342.
Sacy (de), traducteur de la Bible, III, 264.
Sadolet, III, 101.
Sadducéens, I, 50.
Sagittarius, III, 289.
Sagnet (Guillaume), II, 445.
Sailer (Jean-Michel), III, 337, 413, 436.
Sainctes (Claude de), III, 193.
Saint-Esprit. Divinité, I, 259. — Procession, II, 508.
Saint-Esprit (Congrégation du) et du Saint-Cœur-de-Marie, III, 409.
Saint-Esprit (Secte du), II, 353.
Saints (Culte des), I, 367; II, 188, 318. — Légendes, II, 319.
Saints des derniers jours, III, 477.

Saint-Cyran, III, 242.

Saint-Simon, père du socialisme moderne, III, 505.

Sainte-Beuve (Mme de), III, 148, 161.

Sainte-Chapelle, II, 383.

Salas (Jean de), S. J., III, 208.

Saladin, II, 288, 290.

Saladaro, III, 447.

Saldanha, III, 238.

Sales (Saint François de), V. *François*.

Salifaciolus, I, 276.

Salisbury (Jean de), V. *Jean*.

Salluste le Philosophe, I, 239.

Salmeron, III, 135, 164, 191.

Salonina, femme de Gallien, I, 134.

Salt-lake City, III, 478.

Salut (Armée du), ou *Salvation Army*, III, 470.

Salvatierra, S. J., III, 250.

Salvien, I, 423.

Salzbourg. Fondation du siège, II, 36-39. — Émigration protestante, III, 294.

Samaritains, I, 61.

Sampséens, I, 147.

Samson (Bernard), III, 69.

Sanche Ier de Portugal, II, 258.

Sanchez (Thomas), III, 191, 200.

Sanctis (de), III, 474.

Sanctius (Gaspard), III, 191, 196.

Sanctus, I, 368.

Sand (George), III, 329.

Sandomir. Synode (1570), III, 85.

Sandoval, S. J., III, 186.

Sanseverino, S. J., III, 429.

Sansovino, III, 210.

Santarelli, S. J., III, 135, 225.

Santeul (Jean-Baptiste), poète latin, III, 278.

Sapor II, I, 444.

Sarabaïtes, I, 391.

Sarazin (Jacques), sculpteur, III, 213.

Sarbiewski, S. J., III, 220.

Sarcophages sculptés, I, 435.

Sardaigne. Paganisme persistant, I, 238.

Sardique. Concile (343), I, 254.

Sarolta, II, 174.

Sarpi (Frà Paolo), II, 341 ; III, 134, 140.

Sarti, III, 447.

Sarto (Andrea del), III, 215.

Sarzano (Thomas de), II, 428, 430.

Saturnin, I, 150.

Saumaise, I, 34 ; III, 293.

Sauteurs, III, 286, 476.

Savigny (de), I, 36 ; III, 338.

Savonarole, II, 457 ; III, 7, 27, 200.

Savonnières. Concile national franc (859), II, 207.

Saxe. Conversion, II, 48. — Réforme protestante, III, 66. — Etat du catholicisme, 345.

Saxonne (Ecole) de peinture, III, 217.

Scandinavie. Son ancienne littérature, II, 82. — Conversion, 178. — Réforme protestante, III, 83 et s. — Etat présent du protestantisme, 470.

Scapulaire, II, 339.

Scarlatti, III, 219.

Scavini, III, 429, 440.

Sceau sacramentel, V. *Confession*.

Scepticisme philosophique, III, 302.

Scété. Moines anthropomorphites de —, I, 264.

Schadow (G.), III, 455 et s.

Schadow (J.-Fr.), III, 459.

Schaefer, III, 435.

Schaezler (Constantin de), III, 420, 430, 439.

Schaff (Ph.), III, 496.

Schaffhouse. La Réforme protestante, III, 70.

Schall (Ad.), S. J., III, 184.

Schannat, III, 272.

Schanz, III, 437.

Scheeben, III, 420, 430, 437.

Scheffer (Ary), III, 457.

Schegg, III, 432, 435.

Scheibel, III, 464.

Scheiner, III, 362, 432.

Schell, III, 439.

Schelling, III, 338, 484.

Schenk (Ed. de), III, 460.

Schenkel, III, 466, 491, 494 et s.

Schenkl, III, 439.

Schenkendorf (de), III, 498.

Schepss, éditeur des traités de Priscillien, I, 398.

Scherer, III, 472, 498.
Scherillo, III, 447.
Scheutveld (Missionnaires de), III, 396, 399.
Schiking, I, 57.
Schiller, III, 338.
Schinkel, III, 457.
Schismes de la deuxième période, I, 185 ; — de la troisième période, 260. — Schisme donatiste, 331 ; — acacien, 277 ; — grec, II, 162, 167.
Schisme (Le grand) d'Occident, II, 410.
Schlegel (Fr.), III, 339, 361, 460.
Schleiermacher, I, 35, 43 ; III, 484, 486 et s., 492-96.
Schlestadt. Son école, III, 10.
Schlosser, III, 460.
Schlüter, III, 275.
Schmid (A.), III, 432, 441.
Schmid (Léopold), III, 417.
Schmid, architecte, III, 449, 458.
Schmidt, I, 35, 43.
Schmidt (Chr. de), III, 441, 444.
Schmidt (Charles), III, 472, 497.
Schmude, S. J., III, 444.
Schnaase, III, 497.
Schneemann, S. J., III, 430, 437.
Schneider (Euloge), III, 308, 334.
Schneider (Fr.), III, 449.
Schnepf, III, 64.
Schnorr de Carolsfeld, III, 456.
Schœnborn (Jean de), III, 294.
Schœnfelder, III, 450.
Schœngauer, III, 217.
Schœpf, III, 450.
Schola Palatina, II, 97, 216.
Scholten, III, 471.
Scholz, III, 432, 434, 436.
Schoppler, III, 48.
Schouvaloff, III, 438.
Schrader, S. J., III, 430, 437.
Schrader, théologien protestant, III, 494.
Schraudolph, III, 456.
Schreiber, III, 337.
Schrœckl, I, 35 ; III, 307.
Schrœder, III, 466.
Schrœrs, II, 153 ; III, 431, 446.

Schüking, I, 57.
Schulte, III, 346 et s., 450.
Schultze, III, 497.
Schürer, III, 498.
Schuster, III, 441.
Schwab, III, 432, 446.
Schwabach (Articles de), III, 57.
Schwane, III, 439.
Schwanthaler, III, 459.
Schwarz, III, 466.
Schwarzenberg (Cardinal), III, 362, 386.
Schwegler, III, 488.
Schwenkfeld (Gaspard), III, 82, 120.
Schwerin. Fondation du siège, II, 177.
Schwerts (Van), III, 456.
Schwestriones, II, 353, 471.
Schwetz, III, 439.
Sclopis, III, 372.
Scolastique (Sainte), I, 393.
Scolastique (Théologie). Ses commencements, II, 219. — Son apogée, 361. — Son déclin, 473. — Ses héritiers, III, 188. — Néo-scolastiques, 429. — Effets de la Scolastique sur la prédication, II, 433.
Scot Érigène, II, 205, 207, 209, 216.
Scot (Jean Duns), V. *Jean*.
Scotistes, II, 369, 473 ; III, 202.
Scots ou Écossais, V. *Écosse*.
Scott, architecte anglais, III, 458.
Sculpture. Sarcophages et ivoires antiques, I, 228, 435 ; II, 239. — Sculpture gothique, 384 ; — Sa belle époque, 496. — Sur bois, 497. Renaissance, III, 212. — XVIIᵉ et XVIIIᵉ siècles, 275. — XIXᵉ siècle, 458.
Scupoli, III, 201.
Sdralek, III, 446.
Sébastien (Saint), I, 137.
Sébastien (Saint-). Abbaye au diocèse de Sens, II, 446.
Seben, *Sabionæ*. Chrétienté datant de l'époque romaine, II, 37.
Secchi, S. J., III, 410.
Seckendorf (de), III, 289.
Secret (Discipline du), I, 190, 198.
Sécularisation sous Charles-Martel, II,

59. — De 1803 en Allemagne, III, 334.
Sedulius (Cœlius), I, 441.
Sedulius Scotus ou le Jeune, II, 214, 242.
Segarelli (Gérard), II, 352.
Segneri, S. J., III, 201, 270.
Ségur (Mgr de), III, 437 et s.
Seitz, canoniste, III, 451.
Seitz, peintre, III, 456.
Seldjoucides, II, 51.
Selnecker, III, 117.
Selvaggio, III, 269.
Selvatico, III, 447.
Semaine. Noms des jours, I, 201.
Semgalles. Leur conversion, II, 304.
— Réforme protestante, III, 85.
Semi-Ariens, I, 247, 256.
Semi-Pélagiens, I, 305.
Semler, I, 35 ; III, 306.
Sénat romain. Ses rapports avec l'Eglise à la fin du v* siècle, I, 243.
Senault, de l'Oratoire, III, 268.
Senestrey (Mgr), III, 386.
Sengler, III, 417.
Sensualisme, III, 301.
Sententiaires, II, 365.
Sentis, III, 451.
Sepp, III, 436.
Sept-Dormants (les) d'Ephèse, I, 133.
Sept-Douleurs. Fête, II, 432.
Septime Sévère, I, 128.
Sépulcre (Saint). On se le dispute, III, 500.
Sépulcre (Chevaliers du Saint-), II, 297.
Sépulture, I, 385. — Lieux de —, 205.
Séquences, II, 188, 240.
Sérapéon (Le), détruit, II, 237.
Sérapion, I, 215.
Serbes, V. *Sorabes*.
Sergius Ier pape, I, 290 ; II, 65.
Sergius II, II, 112.
Sergius III, II, 119 et s.
Sergius IV, II, 127.
Sergius de Constantinople, I, 283-85, 287 et s.
Sergius de Ravenne, II, 151.
Sergius le Paulicien, II, 92.

Serment d'orthodoxie des évêques, I, 363 ; II, 274 ; III, 128
Sernin (Saint-) de Toulouse, II, 237.
Servat Loup, II, 207, 215.
Servet (Michel), Servede, III, 79, 119.
Service militaire, exigé des clercs, II, 57.
Servites, II, 340.
Séthiens, I, 154.
Seton (Elisabeth), III, 395, 408.
Settele, III, 447.
Sévère d'Aquilée, II, 37.
Sévère, césar, I, 138.
Sévériens, I, 277.
Séverin, pape, II, 64.
Séverin (Saint), apôtre des pays du Danube, l'une des plus belles figures de l'histoire ecclésiastique, II, 18.
—Importance de sa biographie, 19.
Séverin (Saint -), abbaye à Château-Landon, II, 446.
Seymour (Jeanne), III, 89.
Sforza, condottière, II, 422.
Shaftesbury (Comte de), III, 302.
Shaftesbury (Lord), III, 465.
Shakers, III, 286.
Sibylle, reine de Jérusalem, II, 326.
Sibyllins (Livres), I, 220.
Siccardi (loi), III, 372.
Sicherer (de), III, 451.
Sicile. Persistance du paganisme, I, 238. — Domination arabe, II, 282. — Royaume normand de Sicile, 282. — Dynastie des Hohenstaufen, 251. — Dynastie angevine, 263, 265. — Maison d'Aragon, 265. — Prétendus *droits de la Monarchie sicilienne*, III, 235.
Siciliennes (Vêpres), II, 265.
Sickingen (François de), III, 9, 47.
Sidoine Apollinaire, I, 441.
Siècle obscur, II, 217.
Siemaescho, III, 374.
Sienne. Ecole de peinture, II, 499 et s.
Sigebert de Gembloux, I, 33 ; II, 228.
Sigismond (Saint), roi des Burgondes, II, 18.

Sigismond, empereur, II, 416 et s. 467, 469 et s.
Sigismond Ier, de Pologne, III, 85.
Sigismond II (Auguste), III, 85.
Sigismond III, III, 83, 85, 171.
Sigismond d'Autriche, II, 461.
Signorelli (Luca), III, 214.
Silésie. Réforme protestante, III, 82.
Silvère (Saint), pape, I, 331.
Simar, III, 439 et s.
Siméon (Saint) Stylite, I, 391.
Siméon le Jeune, I, 391.
Siméon, roi des Bulgares, II, 170.
Siméon l'Hésychaste, II, 512.
Siméon Métaphraste, II, 231.
Siméon de Thessalonique, II, 513.
Siméon de Trébizonde, II, 510.
Simon Stock, II, 339.
Simon (Jules), III, 332.
Simon (Richard), III, 263.
Simon le Magicien, I, 107, 148.
Simon Memmi, II, 499.
Simon de Montfort, II, 355.
Simon de Tournai, II, 353.
Simonie, I, 362; II, 58, 135, 194, 202, 328. — Elections simoniaques, 202.
Simor (Cardinal), III, 386.
Simplicius (Saint), pape, I, 329.
Simplicius, philosophe païen du VIe siècle, I, 239.
Simulachres de la mort, II, 439.
Sincérité dans l'histoire de l'Eglise, I, VI.
Sion, nom d'une secte protestante, III, 286.
Sirice (Saint), I, 328.
Sirmond, S. J., III, 263.
Sisinnius, pape, II, 65.
Sixte (Saint) Ier, pape, I, 183.
Sixte (Saint) II, I, 134, 184.
Sixte (Saint) III, I, 329.
Sixte IV, II, 448; III, 20.
Sixte V, III, 131 et s.
Sixte de Sienne, III, 195.
Sixtine (Chapelle), III, 20, 214.
Skarga, S. J., III, 86.
Skopzi, secte russe, III, 300.
Slaves. Conversion, II, 169.
Slesvig. Origines chrétiennes, II, 180.
— Réforme protestante, III, 60.

Smalkalde. Ligue, III, 59, 64. — Les 27 articles, 65. — Guerre de —, 76.
Smedt (de), bollandiste, I, 4; III, 447.
Smets (Guillaume), III, 460.
Smith (José), III, 478.
Smith (Pearfall), III, 470.
Smith (Richard), III, 194.
Snorro Sturleson, II, 182.
Soanen, évêque de Senez, III, 245.
Sobiesky (Jean), III, 234.
Socialisme, III, 504.
Sociétés catholiques en Allemagne, III, 344.
Socin (Laelius), III, 101, 120.
Socin (Faust), III, 120.
Sociniens, III, 101, 119.
Socrate, historien de l'Eglise, I, 31.
Soest. Réforme protestante, III, 63.
Sohm, III, 497.
Sohn, III, 456.
Soissons. Victoire de Clovis, II, 21. — Concile (853) 157.
Sokolara. Prédication de l'Evangile, I, 447.
Solesmes (Abbaye de), III, 411.
Solfège, II, 187, 387.
Solidaires, III, 366.
Soliman II, II, 298.
Solitaires, I, 387; II, 81, 392.
Sollicitudo omnium, bulle, III, 376, 409.
Solminihac (Alain de), III, 148 et s.
Somaglia (Cardinal della), III, 377.
Somasques, III, 160.
Sommerset (Duc de), III, 90.
Sommistes, II, 379.
Sonderbund (Guerre du), III, 3-3.
Sophronius (Saint), I, 284 et s., 287, 412.
Sophus Bugge, II, 182.
Sorabes. Leur conversion, II, 176.
Sorbonne. Sa fondation, II, 374.
Sorcières. Procès, II, 193, 436, 443; III, 152. — Malleus maleficarum, 152.
Sotériologiques (Controverses), I, 291.
Soto (Dominique de), III, 189.
Soto (Pierre de), III, 190.

Souabe. Ecole de —, sculpture, III, 214; — peinture, 217.
Soumission aux lois de la République (Déclaration de), III, 315.
Sources de l'histoire ecclésiastique, I, 15.
Sourdis (Madeleine d'Escoubleau de), III, 147.
Sous-diaconat, I, 176.
Southcote (Jeanne), III, 476.
Sozomène, I, 31.
Spalatin, III, 116.
Spalding, prédicateur protestant, III, 307.
Spalding (Mgr), III, 386, 395, 439.
Spangenberg, III, 282.
Spanheim, I, 34, 45 ; III, 293.
Spée (Fréd. de), S. J., III, 153, 219.
Spener, III, 290.
Speratus (Paul), III, 117.
Sphragistique, I, 24.
Spiegel (Mgr de), III, 340.
Spina (Mgr), archevêque titulaire de Corinthe, III, 317.
Spineus, III, 152.
Spinola, III, 295.
Spinoza, III, 302.
Spire. Diètes (1526), III, 54 ; — (1546), 74. — Cathédrale, II, 238.
Spirites (Sectes), III, 476.
Spirituels, II, 344, 401.
Spitihnew, II, 173.
Spitta, III, 498.
Spittler, I, 35; III, 307.
Spitzen, III, 449.
Sponde (Henri), III, 198.
Sporer, III, 271.
Sporschil, III, 445.
Sprenger, III, 152.
Sprinzl, III, 439.
Sprotte, III, 446.
Squarcione, II, 500 ; III, 214.
Squin de Floriant, II, 299.
Stabat Mater, II, 268, 388.
Stadlbaur, III, 432, 439.
Staehelin, III, 493.
Staéudlin, III, 307.
Stahl, III, 491.
Stancar, III, 109.

Stanislas (Saint) de Cracovie, II, 175.
Stanislas (Saint) de Kostka, III, 155, 173.
Stanonik, III, 446.
Stapf, III, 440.
Stapleton, III, 194.
Stark, III, 436.
Starowerzi, III, 239.
Statio, I, 200, 202, 375.
Statistique religieuse, I, 30.
Stattler (Benoit), III, 270, 438.
Statz, III, 458.
Staudenmaier, III, 418, 432, 436.
Staupitz, III, 34.
Stédingues, II, 355.
Steenoven, III, 246.
Steichele (Mgr), III, 445.
Stein (Mgr), III, 440.
Steinle, III, 455.
Steuchus, II, 86 et s.
Stévenistes, anticoncordataires de Belgique, III, 319.
Stevenson, III, 431, 447 et s.
Stewart (Pierre), III, 196.
Stier, III, 493.
Stiewe, III, 446.
Stilicon, II, 14.
Stockbauer, III, 449.
Stœsser (Henri de), III, 360.
Stoïcisme. Son influence sur les Basilidiens, I, 148 et s.
Stola, I, 354.
Stolberg (Anne de), III, 66.
Stolberg (Léopold de), I, 36, 41 ; III, 337, 414, 436, 481.
Stolz (Alban), III, 432, 441, 444.
Stornajuolo, III, 448
Strasbourg. Origine du siège épiscopal, II, 36. — Réforme protestante, III, 61. — Faculté de théologie protestante, 472. — Cathédrale, II, 496. — Commanderie *am grünen Wœrth*, II, 489, 491.
Stratoris (*Officium*), II, 274.
Straub, III, 449.
Strauss von Torney, III, 494.
Strauss (David), III, 485, 490, 494.
Strauss (de), III, 498.
Streaueshalch. Conférence (664), II, 31.

Striegel, III, 109.

Strossmayer (Mgr), III, 362, 386, 390.

Stuart (Marie), V. *Marie*. — Les Stuarts trouvent un asile à Rome, III, 236.

Studio (Couvent de), près de Constantinople, I, 391 ; II, 88, 392.

Stüler, III, 458.

Stumpf, III, 346.

Sturm (Jean), III, 125.

Sturmio de Fulda, II, 45.

Stylites, I, 391 ; II, 41, 81, 392.

Styrie. Prédic. de l'Evangile, II, 82.

Suarez, S. J., III, 135, 191, 200, 208.

Subintroductae mulieres, I, 209.

Suburaïm, II, 310.

Sue (Eugène), III, 328.

Suède. Conversion, II, 178, 181. — Réforme protestante, III, 83.

Suénon Gabelbart, II, 180.

Suèves, II, 15.

Suisse. Origines chrétiennes, II, 34-36. — Réforme protestante, III, 67, 78. — Etat présent du protestantisme, 472 ; — du catholicisme, 349, 362.

Suitbert (Saint), II, 42.

Sulpice Sévère, I, 32, 173 ; II, 77.

Sulpice (Compagnie de Saint-), III, 148, 201, 308, 310.

Συνεισάκται, I, 210.

Sunnites, II, 51.

Supernaturalisme de Gœtze, III, 307. — « Supernaturalisme rationnel », 483.

Superpositio jejunii, I, 201.

Superstitions, II, 74, 192, 327.

Supralapsaires, III, 112.

Surintendants, sorte d'évêques luthériens, III, 60, 84, 105.

Surius, III, 198.

Suso (Henri), II, 434, 439, 481 et s., 486.

Suspense, I, 361.

Sussex. La conversion de l'heptarchie s'achève par le Sussex, II, 29.

Σύνταξις, I, 192.

Sutri. Concile (1046), II, 129.

Swatopluk, II, 173.

Swedenborg, III, 285.

Swetchine (Mme), III, 330.

Sydow, III, 466, 491.

Syllabus, III, 382.

Sylvestre (Saint) Ier, pape, I, 328.

Sylvestre II, II, 125 et s.

Symbolique et Apologétique, I, 20.

Symbolisme de l'art chrétien dans l'antiquité, I, 226 ; au moyen âge, III, 209. — Le moyen âge et la nature, II, 439.

Symmaque, préfet de Rome, I, 236, 238.

Symmaque (Saint), pape, I, 329.

Symphosius, I, 400.

Syncelles, I, 310.

Syncrétisme de Callisen, III, 289.

Syncrétistes (tendances) de quelques anciens Pères, I, 239, 404.

Synergistique (Controverse), III, 109.

Synésius, I, 178, 240, 405.

Syngramma Suevicum, III, 64.

Synodes, V. *Conciles*.

Synode (Saint) dirigeant de Russie, III, 297, 299 ; — d'Athènes, 499.

Syrianus, I, 239.

Syrie. Ecole syrienne, I, 219, 412. — Pères syriens, I, 412. — Syriens-unis, III, 398, 400 et s. — Missions des Jésuites ; Université de Beyrouth, 398. — Massacres de 1860, 397, 501.

Syrlin, III, 214.

Syzygies gnostiques, I, 148, 153.

T

Tabernacle, souvent séparé de l'autel, II, 496.

Tableau. La peinture de — succède à la peinture murale, II, 494, 499.

Taborites, II, 469 et s.

Tafel, III, 285.

Taglialatela, III, 447.

Taïpings, III, 478.

Talleyrand, III, 314.

Talmud, I, 117 ; II, 312.

Talmudistes, II, 314.
Tamburini, III, 232.
Tamerlan, II, 305.
Tanchelm, II, 352.
Tangermann, III, 460.
Tanner, S. J., III. 153, 194.
Tanucci, III, 258.
Tao, système religieux de la Chine, III, 183.
Taparelli, S J., III, 390, 429, 451.
Tapisserie au moyen âge, II, 386.
Tapper, III, 193.
Tarasius (Saint), II, 86 et s.
Tardif, II, 153, 160.
Tarquini, S. J., III, 390, 410, 429, 451.
Tartares, II, 304.
Tasse (le), III, 220.
Tassin, III, 263.
Tatien, I, 157, 214.
Tauber (Gaspard), III, 61.
Tauler, II, 434, 457, 485, 489.
Te Deum, I, 225.
Télesphore (Saint), pape, I, 183.
Télesphore, ermite, II, 456.
Tempestarii, II, 201.
Temple (le) allemand, III, 476.
Templiers, II, 298.
Terentius Alciati, S. J., III, 140.
Terministes, II, 475.
Territorial (Système), III, 105.
Tersteegen, III, 293.
Tertiaires, II, 342, 346.
Tertullien, I, 168, 196, 217.
Test. Serment du —, III, 93. — Aboli, 467.
Testaments des XII patriarches, I, 220.
Tetzel, III, 36.
Teutberge, II, 115 et s.
Teutgaud de Trèves, II, 115.
Teutonique (Ordre), II, 300.
Texler, S. J., III, 201.
Thaddée de Suessa, II, 261.
Thalhofer, III, 432, 439.
Thamerus, III, 120.
Thangbrand, II, 181.
Théatins, III, 156.
Thébaïde, I, 388-90.
Thébéenne (Légion), I, 136. — Mémoire de M. Allard, 136.

Thédald, II, 139.
Thegan, II, 215.
Theiner, III, 198, 423, 445.
Thémistiens, I, 278.
Thémistius, philosophe, I, 236.
Thenius, III, 493.
Théodelinde, II, 20.
Théodemir, roi des Suèves, II, 16.
Théodomir, abbé, II, 202.
Théodora, femme de Justinien, I, 279 et s.
Théodora l'Orthodoxe, II, 85, 88.
Théodora l'Ancienne, II, 120.
Théodora la Jeune, II, 120.
Théodore 1er, pape I, 287 ; II, 64.
Théodore II, II, 119.
Théodore Askidas, I, 280.
Théodore de Cantorbéry, II, 29, 64.
Théodore de Gaza, III, 5.
Théodore Lascaris, II, 393.
Théodore le Lecteur, I, 411.
Théodore Métochita, II, 512.
Théodore de Mopsueste, I, 271, 280 et s., 410.
Théodore Studite, II, 88, 392.
Théodore, visionnaire, II, 456.
Théodoret de Cyr, I, 31, 37, 270 et s., 275, 280-82, 409.
Théodoric le Grand, II, 19.
Théodose le Grand, I, 237, 259, 416.
Théodose le Jeune, I, 237, 267, 270.
Théodosiens, I, 284.
Theodosianus (Codex), I, 242.
Théodote de Byzance ou le Corroyeur, I, 166.
Théodote le Changeur, I, 166.
Théodromes, I, 381.
Théodule le Moine, II, 513.
Théodulf d'Orléans, II, 94, 104, 190, 242.
Théognos , origéniste, I, 171, 216.
Théolepte, II, 513.
Θεολογία ἀποφατική, καταφατικὴ, I, 429.
Théologiques (Science et littérature).
1re période, I, 102.
2e   211, 220.
3e   402, 406.
4e   II, 96, 104.
5e   213, 219, 230, 232.

6° période, II, 361, 378, 393.
7°   473, 481, 492, 512.
8°   III, 188, 202.
9°   261, 272.
10°   412, 434.
Diverses écoles, I, 211, 402. — Ecole alexandrine, 215, 406 ; — gréco-latine, 217; — latine, 217; — d'Antioche, 219, 409 ; — de Syrie ou d'Edesse, 219 ; — traditionnelle, 404 ; — syncrétiste, 404 ; — mystique, II, 220, 370, 481, 484.
Théonas d'Alexandrie, I, 136.
Théopaschites, I, 279.
Théophanie, II, 196.
Théophilanthropes, III, 316.
Théophile, empereur d'Orient, II, 88.
Théophile d'Alexandrie, I, 264-66.
Théophile (Saint) d'Antioche, I, 214.
Théophile de Diu, I, 446.
Théophylacte d'Achrida, II, 232.
Théophylacte de Moscou, III, 299.
Θεοσεβής, I, 240.
Θεοτόχος, I, 269.
Thérapeutes, I, 62.
Thérèse (Sainte), III, 160, 201.
Theux (de), III, 366.
Thibaut de Navarre, II, 294.
Thibaut de Vernon. Ses cantiques populaires, II, 241.
Thibet (le) adopte le bouddhisme, II, 305. — Missions de Jésuites et de Capucins, III, 250. — M. Huc, 399.
Thiel (Mgr), III, 445, 449.
Thierry de Niem, V. Niem.
Thierry de Vrie, II, 417.
Thiers, III, 331
Thiersch, III, 477.
Thietmar de Mersebourg, II, 218.
Tholuck, III, 487, 493 et s.
Thomas (Chrétiens de Saint-), I, 272; III, 182.
Thomas (Saint) d'Aquin, II, 264, 367, 388, 473.
Thomas Barsumas, I, 271.
Thomas (Saint) Becket, II, 255 et s.
Thomas de Capoue, II, 378.
Thomas de Celano, II, 343, 388.

Thomas de Cantimpré, II, 378.
Thomas A-Kempis, V. Kempis.
Thomas Magister, II, 513.
Thomas de Sarzano, II, 428, 430.
Thomas (Saint) de Villeneuve, III, 155.
Thomasi, III, 270.
Thomasius (Chr.), III, 105, 153, 290.
Thomasius, luthérien confessionnel, III, 490.
Thomassin, III, 263, 265, 427.
Thomistes, II, 367, 473 ; III, 202, 429.
Thorkel Knutsson, II, 304.
Thorn. Colloque (1645), III, 86, 294. — Scènes sanglantes de 1724, 294.
Thorwaldsen, III, 459.
Thrasamond, II, 17.
Tieck, III, 339.
Tiedge, III, 498.
Tiers-état appelé pour la première fois à délibérer, II, 269.
Tiers-ordres, II, 342, 346.
Tillemont, I, 34, ; III, 226, 264,
Timothée Ælure, I, 276.
Timothée le Blanc, I, 276.
Tintoret (Le), III, 215.
Tiraboschi, III, 270.
Tirinus, III, 196.
Tirnova. Patriarcat bulgare, II, 170.
Tischendorf, III, 494.
Tisserands, II, 354.
Tite (Saint), apôtre de Crète, I, 92.
Titien, III, 215.
Titus, empereur, I, 123.
Toland, III, 302.
Tolède. Conciles (400), I, 400 ; — (589, 653, 666, 681), II, 93.
Tolentino. Traité (1792), III, 240.
Tolet, S. J., III, 132, 169, 190, 196, 206.
Tolomei (Bernard), II, 448.
Tolosa. Bataille (1212), II, 281.
Tolstoï, III, 503.
Tommaseo, III, 447.
Tongiorgi, S. J., philosophe, III, 390, 429.
Tongiorgi, S. J., archéologue, III, 448.
Tongres, siège épiscopal du IVe siècle, II, 40 et s.

Tonsure. Origine, I, 363.

Torgau. Pacte (1526), III, 54. — *Articles de* — (1530), 57. — *Livre de* — (1576), 110.

Torquemada (Jean de), II, 428, 477, 508.

Torquemada (Thomas de), III, 154.

Torture, II, 193, 359, 443.

Toscan (Parti). Sa domination à Rome au xe siècle, II, 120.

Toss. Couvent de —, centre mystique, II, 486.

Tostati, II, 445, 477.

Tosti (Dom), III, 391.

Toulouse. Eglise Saint-Sernin, II, 237. — Le concile de 1229 organise l'inquisition épiscopale, 359.

Tournely, III, 266.

Tournon (Cardinal de), III, 252.

Tours. Vie commune du clergé, II, 82. — Ecole monastique, 97, 102, 187. — Conciles (813), 187 ; — (1054), 209. — Pèlerinage, 189.

Tours d'églises. Premières —, I, 438 ; II, 237.

Touttée, III, 263.

Trabucco, III, 351.

Tractariens, III, 367.

Traditeurs, I, 137.

Tradition, I, 8 et s. ; III, 142.

Traditionalisme, III, 424.

Traite des nègres, III, 185.

Trajan, I, 125.

Transition (Style de), II, 381.

Transsubstantiation, I, 197, 341; II, 316.

Transylvanie. Réforme protestante, III, 87.

Trappistes, III, 253, 411.

Traversari, II, 508.

Tremmelius, III, 118.

Trente. Communauté chrétienne dès le ive siècle, II, 37. — Concile, III, 139.

Trente ans (Guerre de), III, 174.

Trève de Dieu, *Treuga*, II, 191.

Trèves. Origines chrétiennes, II, 40. — Pèlerinage de la sainte Tunique, III, 343. — Cathédrale, II, 238.

Trevet (Nicolas), II, 480.

Tribunal pontifical, II, 404.

Tribur. Diètes (887), II, 118 : — (1076), 139.

Tribus (De) impostoribus, II, 259 ; III, 120.

Trigland, I, 34.

Trina Deitas, II, 208.

Trinitaires (Controverses), I, 162, 246.

Trinité (Fête de la Sainte-), II, 318.

Trinité (Ordre de la), II, 339.

Trithéistes, I, 278.

Trithemius, I, 39 ; III, 152.

Trivium et *Quadrivium*, II, 98.

Trois Chapitres (Controverse des), I, 280.

Trombelli, III, 269.

Tronc des aumônes, I, 208.

Tronson (M.), III, 248, 309.

Troslé. Concile (909), II, 191.

Troubadours, II, 323, 389.

Trouvères, II, 323, 389.

Troyes. Cathédrale, II, 383, 496.

Truchsess (Gebhard de), III, 77.

Truchsess (Otton de), III, 77.

Trudpert (Saint), II, 36.

Trullanum 1um, I, 288.

Trullanum II, I, 290.

Tschudi (Valentin), III, 71.

Tubingue. L'université réorganisée, III, 62. — Ecole de — (catholique), 418 ; — (protestante), 488.

Tudor (Arc), II, 495.

Tunicella, I, 355.

Tunis. Expédition de saint Louis, II, 295. — Protectorat français, III, 333.

Turanschah, II, 294.

Turcomans, II, 305.

Turcs (les) prennent Constantinople, II, 510.

Turibulum, I, 381.

Turificati, I, 133.

Turlupins, II, 472.

Turnèbe, III, 14.

Turquie. Situation de l'Eglise catholique, III, 397 ; — de l'Eglise *orthodoxe*, 499 et s.

Turretin (Alphonse), III, 293.

Turretin (Fr.), III, 291.

Turribius, I, 401.

Tursellin, S. J., III, 174.

Tuteurs des églises et couvents, II, 58.

Tutilo, II, 239.

Twesten, III, 487.

Tychonius, I, 337, 430.

Type (le), I, 287.

Tyr. Concile (335), I, 252.

Tyrannicide (Doctrine du), II, 459 ; III, 135 et s.

U

Ubaghs, III, 428, 433.

Ubertino de Casale, II, 351, 401.

Ubiquité du corps du Christ, enseignée par Luther, III, 64.

Uccello, II, 500.

Uchanski, III, 85.

Ughelli, III, 269.

Ullathorne, III, 402.

Ullmann, III, 486, 491, 494, 496.

Ulphilas, apôtre des Goths, II, 13. — Créateur de la langue religieuse et morale des peuples germains, 14.

Ulrich (Saint) d'Augsbourg, II, 196. — Premier exemple de canonisation solennelle, 189, 196. — Sa prétendue lettre contre le célibat ecclésiastique, 138.

Ulrich de Wurtemberg, III, 62.

Umbreit, III, 491.

Unam Sanctam, bulle, II, 269 ; III, 25.

Ungewitter, III, 458.

Uniformité (Acte d'), III, 91.

Unigenitus, bulle, III, 243.

Union évangélique d'Ahausen (1608), III, 174, 176.

Union. Tentatives d'union entre les Grecs et les Latins, II, 264, 506 ; — entre les Catholiques et les Protestants, III, 294, 480 ; — entre les Luthériens et les Calvinistes, 107.

Unions protestantes, III, 466.

Unitariens, III, 476.

Unité de l'Eglise, I, 178.

Univers (l'), III, 328 et s., 451.

Universaux, II, 223.

Universités, II, 329 ; III, 8.

Unni, II, 180.

Unterlinden. Couvent de Dominicaines à Colmar, II, 486, 489, 493.

'Υπόπτωσις, I, 192.

Upsal. Siège archiépiscopal, II, 181.

Urbain (Saint) Ier, pape, I, 184.

Urbain II, II, 142 et s., 285.

Urbain III, II, 252.

Urbain IV, II, 263.

Urbain V, II, 406-408.

Urbain VI, II, 410 et s.

Urbain VII, III, 132.

Urbain VIII, III, 136, 208.

Urbanus Rhegius, V. *Rhegius*.

Urbin (Duché d'), annexé aux Etats de l'Eglise, III, 136.

Ursace, I, 256 et s.

Ursicinus, I, 262.

Ursinus, V. *Ursicinus*.

Ursinus (Zach.), III, 106.

Ursule (Sainte) et les onze mille vierges, I, 130 ; II, 347.

Ursulines de Sainte-Angèle, III, 160, 345, 395.

Ursulines de Jésus, III, 408.

Usages chinois et malabares, III, 184, 251.

Usher, I, 34 ; III, 292.

Ussermann, I, 40 ; III, 272.

Utah, refuge des Mormons, III, 478.

Utraquistes, II, 460.

Utrecht. Origines chrétiennes, II, 42 et s. — Union d'Utrecht (1579), III, 88. — Schisme janséniste, 216.

V

Vadian, III, 70.

Valais. Réforme protestante, III, 70.

Valdez (Jean), III, 101.

Valdez (Pierre), II, 356 et s.

Valence. Concile (529), I, 309 ; — (855), II, 207.

Valencia (Grégoire de), S. J., III, 135, 191, 208.

Valens de Mursa, I, 256.

Valens, empereur, I, 259.

Valentin, pape, II, 111.

Valentin, gnostique, I, 152.

Valentini, III, 447.

Valentinien Ier, I, 236, 259.

Valentinien II, I, 237, 259.

Valérien, empereur, I, 133.

Valla (Laurent), I, 33; III, 6, 195, 197.

Vallarsi, III, 270.

Vallombreuse (abbaye de), II, 200.

Valois (la B. Jeanne de), fondatrice de l'ordre des Annonciades, III, 159.

Valois (Marguerite de), III, 15, 79.

Valois (Henri de), III, 263.

Valroger (de), de l'Oratoire, III, 410, 434, 436.

Vandales, I, 338; II, 16.

Vanière, S. J., III, 174.

Vannes (Congrégation de Saint-), III, 147, 157.

Vaquants (Bénéfices) *en cour de Rome*, II, 275.

Varade, S. J., III, 169.

Varègues (les Frères), II, 171.

Varsovie (*Paix perpétuelle* de), III, 85.

Vasa (Gustave), III, 83.

Vasconcellos, III, 443.

Vasquez, S. J., III, 191, 200.

Vater, III, 484.

Vatican (Concile du), III, 382-90.

Vaud (Eglise libre du pays de), III, 473.

Vaudois, II, 350, 356; III, 474.

Veccus, II, 393.

Vega (Lope de), III, 221, 279.

Vegio (Maffeo), II, 479.

Vehme (Sainte-), II, 440.

Veit, peintre, III, 455.

Veith, III, 362, 436, 443, 482.

Velasquez, III, 277.

Venantius Fortunatus, I, 441.

Venema, I, 45; III, 293.

Venise. Paix de — (1177), II, 251. — La République surveille l'Inquisition, 359. — Conflit avec Paul V; interdit, III, 133. — Ecole de peinture, première, III, 214; — seconde, 215.

Vénitiens (Croisade des), II, 290.

Ventura de Raulicâ, III, 371, 390, 426, 443.

Venturino de Bergame, II, 442, 482.

Vêpres siciliennes, II, 265.

Verbiest, S. J., III, 251.

Vercellone, III, 391, 428, 436.

Verden. Fondation du siège, II, 49.

Verdun. Siège épiscopal de l'époque romaine, II, 40. — Traité (843), 112.

Vergerio, III, 65, 100.

Vering, III, 451.

Vermigli (Pierre Martyr), III, 90, 101.

Verneilh, III, 448.

Véron (François), III, 195.

Véronèse (Paul), III, 215.

Véronique (Voile de), I, 75, 371.

Versailles. École de — (Sculpture), III, 275. — Édit de — (1787), 294.

Vespasien, I, 65, 123.

Vêtements liturgiques, I, 354.

Veuillot (Louis), III, 328 et s., 433, 446, 451.

Vicaires. Leur dénuement, II, 332.

Vicaire général, II, 277.

Vicari (Mgr de), III, 342.

Vicarius Christi, II, 274.

Vico, III, 270.

Victor (Saint) Ier, pape, I, 183, 203.

Victor II, II, 131.

Victor III, II, 142.

Victor IV, antipape, II, 250.

Victor-Emmanuel, III, 391.

Victorin, I, 173.

Vie chrétienne, V. *Mœurs*.

Vie commune, I, 388 et s. — Dans le clergé séculier, II, 82, 338; III, 159.

Vie religieuse, V. *Monachisme*.

Vienne, en France. Concile œcuménique (1311), II, 300.

Vienne, en Autriche. Concordat de — (1448), II, 430. — Congrès, III, 334. — L'Université de — regarde celle de Paris comme sa mère, II, 331.

Vierges sages et Vierges folles (Jeudes), II, 503.

Vieux-Catholiques, en Allemagne, III, 346. — En Suisse, 349. — En Autriche, 350. — En France, 351. — En Italie, 351.

Vieux-Luthériens, III, 464 et s., 490.

Vieyra, S. J., III, 171, 186, 201, 250.

Vigilantius, I, 372, 376, 397.
Vigile, pape, I, 280-83, 331.
Vigiles, I, 376.
Vignole, III, 211.
Vigouroux (M.), de Saint-Sulpice, III, 434, 436.
Villani, I, 38 ; II, 397, 480.
Villemain, III, 449.
Villes impériales (Quatorze) signataires de la *Protestation*, III, 56. — D'autres adoptent la Réforme, 60.
Vilmar, III, 490, 495.
Vincent (Saint) Ferrier, II, 412, 432, 442, 445, 456, 478.
Vincent (Saint) de Lérins, I, 422. — Son critérium de la vérité catholique, 245.
Vincent (Saint) de Paul, III, 159, 161.
Vincent-de-Paul (Société de Saint-), III, 326, 344, 407.
Vincent de Beauvais, II, 375.
Vincenzi, III, 435.
Vinci (Léonard de), III, 210, 214.
Vindicatio martyrum, sorte de canonisation, I, 121, 334.
Vindonissa, Windish, siège épiscopal de l'époque romaine, II, 36.
Vinet, III, 473, 495 et s.
Vinian, II, 78.
Vinland, II, 182.
Vio (Thomas de), V. *Cajetan*.
Viollet-le-Duc, II, 382 ; III, 448, 458.
Viret, III, 78.
Virgile, interprète des oracles sibyllins, I, 64.
Virgile (Saint) de Salzbourg, II, 46.
Vischer (Pierre), III, 214.
Visconti, II, 408.
Visigoths, II, 14.
Visitation. Fête, II, 432.
Visitation (Ordre de la), III, 160.
Visite (Articles de) en Saxe, III, 111.
Vit (Saint), I, 138.
Vital (Saint), I, 123.
Vital (Orderic), I, 32.
Vitalien, pape, II, 64.
Vitalis de Carthage, I, 306.
Vitelleschi (Cardinal), II, 427.
Vitraux peints, V. *Peinture*.

Vitres, I, 436 ; II, 184.
Vitringa, III, 292.
Vivès (J.-L.), III, 16.
Vivilo, II, 39.
Vocatione (De) gentium, I, 308, 422.
Vœlk, III, 481.
Voes (H.), III, 61.
Voetius, III, 292.
Vogelsang, III, 440.
Voigt (Charles), III, 504.
Voigtel, III, 458.
Voit, III, 273.
Voix qui crient, nom d'une secte protestante, III, 476.
Volkmar, III, 494.
Voltaire, III, 257, 304.
Volterre (Frà Antonio de), III, 101.
Volusien, empereur, I, 133.
Vondel, III, 296.
Voult (le Saint), I, 75.
Vulgarius, II, 119.
Vulgate, I, 415 ; III, 132.

W

Waal (Mgr de), III, 449.
Wackernagel, III, 495, 497.
Waddington, I, 127, 183 ; III, 332.
Wadstena (Couvent de), II, 450.
Wagner, III, 477.
Walafried Strabon, II, 202, 205, 213.
Walburge (Sainte), II, 44.
Walch (Les frères), I, 35 ; III, 290, 307.
Waldbourg (Georges de), III, 49.
Waldeck (Fr. de), III, 63.
Waldemar Iᵉʳ de Danemark, II, 177.
Waldhausen (Conrad de), II, 466.
Waldrade, II, 115 et s.
Wallenstein, III, 177.
Wallon, I, 71 et s., 74. — Loi Wallon, III, 331.
Walpot de Bassenheim, II, 300.
Walter (Ferdinand), III, 450.
Walton (Brian), III, 292.
Wandelbert, II, 215.
Ward (Marie), III, 161.
Ward, III, 438.

Warmie. Siége épiscopal, III, 336.

Warnefried (Paul) ou Paul Diacre, II, 103, 105.

Wartbourg. Séjour de Luther, III, 43.

Wasserschleben, III, 497.

Wassiljew, III, 503.

Wassily, III, 374.

Watson (Thomas), III, 368.

Watteville (de), III, 282.

Weber (Bède), III, 345, 444.

Weber (F.-W.), III, 460.

Weber, graveur, III, 456.

Weigel (Valentin), III, 121.

Weishaupt, III, 308.

Weisse (Michel), III, 117.

Wellington, III, 367.

Welte, III, 434 et s., 454.

Wenceslas (Saint), II, 174.

Wendes. Conversion de ce peüple, II, 176.

Wenig, III, 432.

Wénilon, de Sens, II, 207.

Werner (Gustave), III, 467.

Werner (Charles), III, 424, 439 et s., 446, 449.

Werner (Zacharie), III, 481.

Wesel (Jean de), III, 27, 29.

Wesley (Jean et Charles), III, 284.

Wessel (Jean), III, 29.

Wessély, III, 449.

Wessenberg (de), III, 336.

Wessobrunn (Prière de), II, 242.

Westen (Thomas de), III, 293.

Westphalie. Premiers sièges épiscopaux, II, 49. — Echec de la Réforme protestante, III, 63. — Traité de —, 178.

Wetstein (Jean-Jacques), III, 293.

Wette (de), III, 484, 492 et s.

Wettérau (Communautés inspirées de), III, 286.

Wetzer, III, 454.

Weyden (Van der), III, 216.

Whitfield (Georges), III, 284.

Wibald de Stavelot, II, 249.

Wicel (Georges), ou Witzel, III, 103, 208.

Wichern. Sa maison pauvre, III, 467.

Wiclef (Jean), II, 464.

Widmer, III, 436.

Widukind, II, 48.

Widukind de Corvey, II, 218.

Wieland, III, 306.

Wiertz (M. Antoine), III, 456.

Wiese (de), III, 497.

Wiest, III, 449.

Wilberforce, III, 368.

Wild (Jos.), III, 200.

Wilfrid, II, 29, 41.

Wilhelm, III, 272.

Wilhelm (Maître) de Cologne, II, 499.

Will, III, 443.

Willehad, II, 42.

Willibaud (Saint), II, 44.

Willibrord (Saint), II, 41.

Willigis de Mayence, II, 196.

Wilmowsky (de), III, 449.

Wilna. Fondation du siège, II, 304.

Wilpert (Mgr), III, 431.

Wiltses, convertis au xii⁰ siècle, II, 176.

Wimpheling, III, 10, 24.

Windesem, tête d'une congrégation de chanoines réguliers, II, 450. — Centre de réforme monastique, 416.

Windischmann, III, 339, 341, 435.

Winer, III, 494.

Winfrid, V. Boniface.

Winghe (Ph. de), III, 199.

Winter, III, 449.

Wirland. Fondation d'un siège épiscopal, II, 304.

Wiseman (Cardinal), III, 368, 436, 438, 443.

Witasse, III, 266.

Witschel, III, 498.

Witt, III, 462.

Wittemberg. Concorde de — (1536), III, 64. — Désordres iconoclastes (1522), 44 et s.

Wittmann (Mgr), III, 443.

Wladimir Iᵉʳ l'Apostolique, II, 171.

Wœllner, III, 464.

Wolf (Christian), III, 290, 303.

Wolfenbüttel (Fragments de), III, 306, 482.

Wolfgang de Ratisbonne, II, 196.

Wolfram d'Eschenbach, II, 323.
Wollmann, III, 352.
Wolmar, III, 79.
Worms. Concile (868), II, 192. — Concordat (1122), 146. — Diète (1521), III, 42. — Édit, 43. — Colloque (1541), 73. — Cathédrale, II, 238.
Wouters, III, 445.
Wratislas, duc de Bohême, II, 173.
Wujek (Jacques), III, 86.
Wunebaud, II, 44.
Wurtemberg. Réforme protestante, III, 62. — Situation des catholiques, 342.
Wurtzbourg. Fondation de ce siège, II, 40, 45. — Conférence des évêques allemands (1848), III, 341.
Wyttenbach, de Bâle, III, 67.
Wyttenbach (Daniel), III, 293.

X

Xavier (Saint François), III, 164, 173, 182 et s.
Ximenès, III, 16, 195.

Y

Yolande de Jérusalem, II, 259.
York. Fondation de ce siège, II, 25, 28.
Young (Brigham), III, 478.
Yousouff, II, 288.
Yved (Saint-) de Braisne, II, 383.
Yves (Saint) de Chartres, II, 149, 162, 228.

Z

Zabarella, II, 445, 478.
Zaboth, III, 440.

Zaccaria, III, 228, 269.
Zacharie (Saint), pape, II, 46, 65.
Zacharie le Scolastique, I, 240, 405.
Zahn, III, 497.
Zangalus (Jacques), I, 279.
Zapoly (Jean), III, 86 et s.
Zeitbloom, III, 217.
Zeitz. Fondation du siège, II, 176.
Zeller (Ed.), III, 488.
Zelo domus Dei, bulle, III, 175.
Zenner, III, 440.
Zénobie, I, 167.
Zénon (Saint), I, 421.
Zénon, empereur, I, 276.
Zéphyrin (Saint), pape, I, 169, 183.
Zezschwitz, III, 490, 494 et s.
Ziadet Allah, II, 282.
Zigliara (Cardinal), III, 439.
Zillerthal. Expulsion des Protestants, III, 473.
Zimiscès, empereur d'Orient, II, 92, 211.
Zimmer, III, 414.
Zingerle, III, 450.
Zinzendorf (L. de), III, 282.
Ziska (Jean), III, 469.
Zittel, III, 466.
Zobel, III, 444.
Zobl, III, 439.
Zollikofer, III, 307.
Zosime (Saint), pape, I, 303, 329.
Zosime, historien païen, I, 238.
Zschokke, III, 336.
Zuccalmaglio, II, 427.
Zukrigl, III, 439.
Zurich. Réforme protestante, III, 69-71, 81.
Zwentibold, II, 173.
Zwickau (Les prophètes de), III, 45.
Zwickenpflug, III, 440.
Zwingle, III, 57, 64, 68-71, 81.
Zwirner, III, 458.

FIN DE LA TABLE ANALYTIQUE GÉNÉRALE

ERRATA

—

TOME Ier

Page 17, ligne 8, *au lieu de* Meldensis, *lisez* Mimatensis.
— 45, — 24, — dez, — der.
— 59, — 7, — Boudhisme, — Bouddhisme.
— 74, — 23, — l'ont, tenue, — , l'ont tenue.
— 138, — 7, — Crescentia et Modesta, — Modestus et Crescentia.
— 197, *devant le titre*, — § 33.
— 209, note 4, *au lieu de* § 55. II, — § 55, III.
— 219, — 2, — § 10, II, — § 10, III.
       Même ligne, — (note)2, — (note)3.
— 228, ligne 14, — verres peints, — fonds de coupe histories.
— 238, titre, — 1re période, — 1re époque.
— 240, ligne 6, — Scholastique, — Scolastique.
— 326, — 4, — IV, — V.
— 329, — 28, — Simplicien, — Simplicius.
— 340, note 1, — § 32, — § 33.
— 385, ligne 5, — le Monique, — les Monique.
— 389, note 1, — Ueber dem, — Ueber den.
— 391, ligne 6, — lange, — langue.
— 396, — 25, — II, — III.
— 413, — 28, — 6°, *à supprimer.*
— 425, — 9, *au lieu de* applé, *lisez* appelé.
— 440, — 1, *devant* Mœhler, — *.
— 461, *au lieu de* (75), — (53).
— 462, — (75) — (57).

TOME II

Page 36, ligne 27, *après* Bâle, *ajoutez* ou plutôt Basel-Augst.
— 53, note 1, *ajoutez* Baluze, *Regum Francorum Capitularia*, 2 in-f° (Paris, 1677, 1780). — Collections des conciles. — D. Bouquet, *Recueil des historiens des Gaules et de la France* (Paris, 1738 et suiv.)
— 55, ligne 24, *après* Paris, *ajoutez*, où il se trouva 79 évêques.
— 55, — 25, *au lieu de* La première conséquence, *lisez* L'une des principales conséquences.

Page 55, ligne 26, *après* fut, *ajoutez*, au temps de la féodalité, c'est-à-dire à partir des
Carolingiens.

— 56, — 6, *après* bénéficiers, *ajoutez*. Ce second mode de donation, appelé *précaire*,
n'a existé que du viii° au x° siècle.

— 56, — 7, à la fin, *ajoutez* Les protestations des conciles finirent par avoir raison
de cet abus.

— 57, — 5, *après* compétent, *ajoutez* ; non toutefois sans que le juge se fût engagé
à respecter la vie et les membres de l'accusé.

— 58, — 30, *après* 557, *ajoutez*, en 614 (ou 615).

— 58, — 34, *avant* Dans, *aller à la ligne.*

— 59, — 8 à 15, *au lieu de* Les richesses..... siècle, *lisez* A la fin de l'époque méro-
vingienne les richesses du clergé s'étaient fort accrues. Les propriétés
de l'abbaye de Luxeuil mesuraient quinze mille *manses* 2 ; au dire d'un
chroniqueur, celles de Saint-Martin d'Autun s'étendaient sur cent mille
manses : exagération manifeste, mais qui prouve assez que beaucoup
d'églises et de couvents possédaient d'immenses biens-fonds. L'État
malheureusement avait vu ses domaines se restreindre presque dans la
même proportion ; aussi entreprit-il dès les premières années du
viii° siècle (717)....

— 59, — 20, *après* évêchés, *ajoutez*. Ce ne fut de tous côtés que pillage et occupation
à main armée des propriétés ecclésiastiques.

— 65, — 20, *au lieu de* Sisinius,   *lisez* Sisinnius.

— 113, — 12,   —   1279,   — 1278.

— 170, — 9,   —   byzantins,   — Byzantins.

— 184, — 3,   —   ou de verre,   — , les fenêtres de verre, ces der-
nières.

— 188, — 19-23,   —   On..... grecque,   — La fête de l'Annonciation se
célébrait depuis le v° siècle ; la Présentation de Jésus au temple, solen-
nisée dans l'Église grecque au milieu du siècle suivant, devint en
Occident la Purification de la Sainte Vierge.

— 193, titre,   *lisez* § 87. LE CLERGÉ ET LES MOINES.

— 194, ligne 6, *au lieu de* coustruisirent,   — construisirent.

— 196, — 6,   —   dix,   — vingt.

— 204, — 11, *devant* Paschase,   *mettre* I.

— 214, — 27, *au lieu de* 86,   *lisez* 87.

— 214, note 3,   —   86,   — 87.

— 259-260, *au lieu de la note* 2 *tout entière*,   — V. infra, t. III, p. 126.

— 263, ligne 18, *au lieu de* Clément IV (1261,   — Clément IV (1265.

— 282, — 19,   —   Abd-Errahmann,   — Abd-Errahman

— 288, — 28,   —   saint Jean d'Acre,   — Saint-Jean-d'Acre.

— 308, — 27,   —   Daras,   — Dara.

— 311, — 10,   —   1320,   — 1251.

— 363, — 4, *après* égorger,   *mettre point et virgule.*

— 376, — 8, *au lieu de* VIII,   *lisez* VII.

— 401, — 27,   —   (d'Admont,   — d'Admont.

— 407, — 20,   —   Michel,   — Jean.

— 414, — 8, *après* prélats,   *ajoutez* et docteurs.

— 488, — 31, *au lieu de* contraste,   *lisez* contraste.

— 497, note 2,   —   § 112,   — § 111.

— 513, *après* ligne 13,   *ajoutez* Grégoire Acindyne (vers 1350).

TOME III

Page 29, lignes 11 et 12, *au lieu de* condmna,   *lisez* condamna
— 82, ligne 16, *au lieu de* 133, II,   — 132, I; § 133.
— 84, — 15, — 20 août,   — 12 août.
— 87, — 5, — Radasdy,   — Nadasdy.
— 103, — 14, — réforme,   — Réforme.
— 116, — dernière, — soit,   — sont.
— 157, — 15, — Moy-en-Moutier,   — Moyen-Moutier.
— 161, — 22, — 1714,   — 1719.
— 174, — 7, — Jouvenci,   — Jouvency.
— 195, note 3, — § 158,   — § 128.
— 208, ligne 6, — Solas,   — Salas.
— 243, — 11, — 1633,   — 1662.
— 253, — 13, — 1714,   — 1719.
— 255, — 5, — Grignon.   — Grignion.
— 263, — 11, *après* Cotelier,   *ajoutez* Baluze,.
— 315, — 4, *au lieu de* 27 octobre,   *lisez* 26 octobre
  — 19, — 8 mai,   — 7 mai.
  — 23, — 27 juillet,   — 28 juillet.
— 319, — 7, — 8 mai,   — 18 mai.
— 323, — 15, — 11 avril.   — 6 avril.
— 340, — 20, *après* Martin,   *ajoutez* de Dunin, archevêque.
— 373, — 13, *au lieu de* L'on doit à... catholique, *lisez* L'historien Eugène Albéri a
  essayé de mettre en lumière la conception catholique de l'État.
— 374, — 12, — ds,   — de sa.
— 401, — 28, — Chaldéen,   — Syrien.
— 433, — 1, — Galande,   — Galante.
— 435, — 11, — Rholing,   — Rohling.
— 437, — 2, — Reichelin,   — Reichlin.
— 439, — 12, *après* Reineraing,   *mettre* , —
— 439, — 27, *au lieu de* Geisthüttner,   *lisez* Geisbüttner.
— 440, — 5, — Hischer,   — Hirscher.
— 441, — 8, — comte,   — vicomte.
— 445, — 8, — 1058,   — 1858.
— 447, — 28, — Ozorici,   — Odorici.
  — Saladaro,   — Salazaro.
— 448, — 4, — Leverani,   — Liverani.
— — 6, — taly,   — Italy.
— 451, — 26, — 1873,   — 1883.
— 455, — 21, — Weit,   — Veit.
— 457, — 1, masses,   *à supprimer.*
— 459, — 1, *au lieu de* Danncker,   *lisez* Dannecker.
— 465, — dernière — Mathusius,   — Nathusius.
— 463, — 14, — Schwartz,   — Schwarz.
— 480, — 3, — Morrisson,   — Morrison.
— 481, — 5, — Mathusius,   — Nathusius.
— 482, — 1, — Weith,   — Veith.
— 484, — 27, — Ritter,   — Richter.
— 494, — 3. — Rainhard,   — Reinhard.
— 495, — 14, — OEtingen,   — OEttingen.
— — 16, — Statistsque,   — Statistique.

Page 496, — 29, *au lieu de* Lipsuis, *lisez* Lipsius.
— 497, — 9, — Schulte, — Schulze.
— 501, titre, — 172, — 175.
— 507, ligne 4, *après* que, *supprimez la virgule.*
— 529. — 4, *au lieu de* Le même, *lisez* (Jacques de Sainte-Beuve).
— 544, — 4, — Cartagna, — Castagna.
— — 8, — Fachinetti, — Facchinetti.
— 568, — 6, *Reporter à l'année* 1802 *la publication du Génie du Christianisme.*
— 568, — 30, — *à l'année* 1833 (mai) *la fondation de la Société de Saint-Vincent-de-Paul.*
— 573, — 15, — *à Février* 1872 *la mort du P. Gratry.*
— 577, — 7, *au lieu de* 116, dernière ligne, *lisez* 153, ligne 27.
— 581, après la ligne 9, *ajoutez* 209.

TOURS. — IMPRIMERIE DESLIS FRÈRES

9 782019 962616